コンセプトはアスリート・ファースト

オリンピック・パラリンピック「2020東京」

廣畑成志

本の泉社

この本を、2020年の東京オリンピック・パラリンピックが「アスリート・ファースト（選手が主人公）になってほしい」との希望を抱くすべての人びとに贈ります。

目次

はじめに――「選手が主人公」の2020東京に

アスリート・ファースト――。

まだまだ耳慣れない英語言葉ですが、２０２０年に東京で開催されるオリンピック・パラリンピックに向かって、クローズアップされはじめています。

直訳では「競技者第一」でしょうが、私は「選手が主人公」という意味に使っています。「２０２０東京」が「選手が主人公」のスポーツの祭典になればどんなに素敵だろうか！そんな思いをこめています。

オリンピック・パラリンピックは、世界のトップ競技者（アスリート）によるスポーツの一大祭典です。ここを舞台に、それぞれの競技で人間の可能性をつくし、国や民族を超えた交流を通じて互いに理解を深めあい、平和な世界を誓いあいます。

その精神や目的を「オリンピズム」と言います。オリンピック憲章の根本原則に次のようにうたわれています。

〈オリンピズムの目標は、スポーツを人類の調和のとれた発達に役立てることにあり、その目的は、人間の尊厳保持に重きを置く、平和な社会を推進することにある。〉

「オリンピズム」を現実のものにしていく役割を担うのが、オリンピック・パラリンピックの開催都市です。東京は1964年大会に次いで2回目となる2020年大会――以下、略称を「2020東京」と呼びます――の開催都市として、その栄誉に浴することになったのです。

複数回の開催都市になり、ちゃんとオリンピックが開催されたのは、ロンドンが最多の3回で、アテネ、パリ、ロサンゼルス、そして東京の4都市の各2回だけです。世界中のあまたある都市で複数回開催は大変な名誉だと言えるでしょう。

しかし、「2020東京」開催にむけては打開しなければならない難題は少なくありません。

もともと招致に際して、「なぜ、東京でオリンピックなのか」との動機の不明確さが問われ、世論が賛否で二分した経過がありました。この点はいまなお不鮮明なままです。

同時に、2011年の3・11東日本大震災・福島第一原発事故に遭遇したことで、「2020東京」の歓迎モードも複雑です。被災者支援などの復興事業がとどこおり、いい加減な放射能汚染除去が問題となっているからです。「巨費をつぎこむオリンピックは震災復興の足かせになるのではないか」との警戒心も向けられています。

加えて、いま、大きな問題になっているのが競技会場の整備問題です。開閉会式典のメイン・スタジアムとなる巨大な国立競技場の新設問題、東京湾の干潟《ひがた》の生態系に影響を与えるカヌーなどの会場の移設、既存競技施設の有効利用の検討などなど、「開催計画」は最終盤まで見直しを迫られることでしょう。

それに、巨大規模のオリンピックが開催都市を悩ましています。世界の200カ国・地域から万余の選手がやってきて、300種目以上の競技が実施される超ビッグ・イベントです。競技会場と選手村の設置、交通機関などインフラの整備、大会運営、警備などの経費が巨額にのぼり、財政規模の膨張とオリンピック景気に便乗した地価・物価の高騰が、開催自治体の財源を圧迫し、住民の生活と環境を脅かすおそれもあります。

さらに、世界の競技者と観客が一堂に会するオリンピック・パラリンピックは、国際社会の縮図になりかねません。紛争や対立の続く複雑な国際情勢が反映し、テロなどへの警戒態勢が避けられない状況です。国際連合（国連）が「オリンピック休戦」を呼びかけても、なかなか紛争が絶えないのが現実です。東京も例外ではなく、否が応でもこれらの課題に向き合わなければなりません。

難題を抱えながら準備が進められる「2020東京」です。それだけに、どのようなオリンピック・パラリンピックにしていけば、競技者はもとより、都民も、国民も、そして世界からも共感が得られるのか、安心して国と民族を超えた交流ができるのか、国民的な知恵と力を寄せ合ってより良い「２０２０東京」のビジョンを打ち出していく必要があります。

それを考えていくうえで根幹になるコンセプト——核になる言葉や概念——が、「アスリート・ファースト（選手が主人公）」ではないでしょうか。そして、このコンセプトは競技者本位にだけにとどまらず、必ず「国民が主人公」という信条と連動して一体となるものだというのが私の確信です。

「オリンピズム」にのっとって、競技と観戦はもちろんのこと、競技施設の整備でも、世界の人びととの交流の面でも、「アスリート・ファースト」をつらぬいてこそ、「２０２０東京」は国際オリンピック委員会（ＩＯＣ）から付託された栄誉にふさわしいオリンピック・パラリンピックとしての成功への道が開けていくと考えています。

本書の主題の『コンセプトはアスリート・ファースト』は、こうした願いと希望をこめて２０２０年東京オリンピック・パラリンピックの開催準備に向き合い、「アスリート・ファースト」の中身を解きほぐしながら、明日を照らすひとつの問題提起となればとの思いで綴《つづ》ったものです。

第1章　発せられた「アスリート宣言」

2014年6月26日のことです。

「2020東京」が2013年の9月に決まってから初めて、開催にむけた準備がどのようにすすめられているのかを確認するために、オリンピックを主催する国際オリンピック委員会（IOC）の調整委員会がやってきました。

この時の会場視察を案内した一人が、パラリンピック陸上競技の代表選手だった佐藤真海さんでした。競技会場などの計画見直しの検討が進んでいることを念頭において、佐藤さんは、「コンパクトな大会、**選手第一を忘れないで**」とアピールしました。ここで彼女が強調した「選手第一」こそ「アスリート・ファースト」のことです。

佐藤さんの思いのこもった「アスリート・ファースト」とは、いったいどんなものなのでしょうか。

◆スポーツには力がある――佐藤真海さんのスピーチ

佐藤さんが一躍脚光を浴びたのが、2013年9月7日でした。

この日は、ブエノスアイレス（アルゼンチン）で開催されていたIOC総会が、2020年のオリンピック・パラリンピックの開催都市を決定する日でした。投票に先立って、3つの立候補都市（東京、イスタンブール、マドリード）による最終プレゼンテーションがおこなわれました。

東京招致チームのメンバーの一人に選ばれた佐藤さんは、大舞台に臆《おく》することなく、笑顔を絶やさず、流ちょうな英語でスピーチしました。

彼女は骨肉腫を患《わずら》って片足がもがれたこと、さらに地元で3・11東日本大震災にみまわれたことをおりまぜ、絶望の淵《ふち》に立たされた自分を救ってくれたのがスポーツであり、「スポーツには力がある」と力強くアピールしました。

もちろん、開催都市決定を左右するスピーチですから、招致への効果をあげるために練り上げられ、演出されたむきもあるでしょうが、それを超えて心に染みました。同じく応援演説に立った安倍晋三首相の「原発事故は完全にコントロールされている」とのスピーチにがく然とさせられただけに、「救われた！」との思いにもなりました。

要約ですが、佐藤さんのスピーチを紹介しておきました。

佐藤真海さんの最終招致プレゼンテーションでのスピーチ（要旨）

私がここにいるのは、スポーツによって救われたからです。スポーツは私に人生で大切な価値を教えてくれました。それは、２０２０年東京大会が世界に広めようと決意している価値です。

19歳のときに私の人生は一変しました。…たった数週間のうちに骨肉腫により足を失ってしまいました。もちろん、それは過酷なことで、絶望の淵に沈みました。

でもそれは大学に戻り、陸上に取り組むまでのことでした。私は目標を決め、それを越えることに喜びを感じ、新しい自信が生まれました。

そして何より、私にとって大切なのは、私が持っているものであって、私が失ったものではないということを学びました。

私はアテネと北京のパラリンピック大会に出場しました。スポーツの力に感動させられた私は、恵まれていると感じました。２０１２年ロンドン大会も楽しみにしていました。

しかし、２０１１年3月11日、津波が私の故郷の町を襲いました。…そして家族を見つけ出したとき、自分の個人的な幸せなど、国民の深い悲しみとは比べものにもなりませんでした。

　私はいろいろな学校からメッセージを集めて故郷に持ち帰り、私自身の経験を人々に話しました。食糧も持って行きました。ほかのアスリートたちも同じことをしました。私たちは一緒になってスポーツ活動を準備して、自信を取り戻すお手伝いをしました。

　そのとき初めて、私はスポーツの真の力を目の当たりにしたのです。**新たな夢と笑顔を育む力。希望をもたらす力。人々を結びつける力。**２００人を超えるアスリートたちが、日本そして世界から、被災地におよそ１０００回も足を運びながら、５万人以上の子どもたちをインスパイア（鼓舞する）しています。

　私たちが目にしたものは、かつて日本では見られなかったオリンピックの価値が及ぼす力です。そして、日本が目の当たりにしたのは、これらの貴重な価値、卓越、友情、尊敬が、言葉以上の大きな力をもつということです。

スピーチのなかで感銘をおぼえたのは、佐藤さんのスポーツやオリンピックに寄せる思いの深さにでした。勝ち・負けにとらわれがちな競技の世界から一歩脱け出して、人としてアスリートとしての生き方、オリンピックの代表になることの意味、社会におよぼすスポーツの持つすぐれた力を、短い時間にこめて明快に語ったのでした。

聴きながら、「日本の競技者はここまでしっかりした考えを持ってきているのか」と思わずにはいられませんでした。と言うのも、私のなかにまとわりついてきた古めかしい競技者像が思い浮かんできたからです。

以前は、競技をやっている人たちは、なんだか〝筋肉集団〟のように見られたものです。そこには人格面で〝知的集団〟からはさげすまれるまなざしが注がれていました。それを払しょくしたのが佐藤さんの堂々としたスピーチであり、とても知性的でした。

そして…、イスタンブール（トルコ）との決戦投票を制した東京が2020年大会の開催都市に指名されました。「勝因は最終プレゼンでのスピーチ力にあった」と言われました。たしかに、高円宮久子さんの語学力を駆使した3・11大震災に寄せられた国際的な復興支援への謝辞や、日本人の伝統精神だとして「お・も・て・な・し」を強調した滝川クリステルさんの訴えも印象強いものがありましたが、なかでも二重丸はやはり佐藤真海さんだったのではないでしょうか。

きわめて人間的で人格的にもしっかりしているアスリートの発言は、新鮮で、聴いていてしだいに人間を知や肉体で選別する愚かしい垣根が取れていき、同じ仲間同志として「アスリートを応援しよう！」との親しさが湧きあがってくるものでした。

この瞬間に、「2020東京」の出発点はここに、つまり、「アスリート・ファースト」にあるように思えたのでした。

佐藤真海さんのプロフィール

宮城県仙台市出身。中学時代に陸上競技を始める。大学在学中に骨肉種を発症、右足膝以下を切断。陸上競技でのパラリンピック出場を目指し、アテネ大会、北京大会、ロンドン大会で走り幅跳びに出場。2013年4月のブラジルサンパウロ大会で5m02の日本新記録を樹立。仕事と競技生活のかたわら障害者スポーツの理解と支援活動に取り組んでいる。

◆世界へ発信したアピール――アスリート委員会

佐藤真海さんの発言は卓越したものでした。しかし、それはけっして偶然のことではありません。むしろ、佐藤さんは日本の競技者の意思を代表したのだと言ってもよいでしょう。「２０２０年に東京でオリンピック・パラリンピックを」と、招致活動を推進する目的で「アスリート委員会」ができたのは、２０１３年2月28日でした。

会長に荒木田裕子（バレーボール）、委員に太田雄貴（フェンシング）、三宅宏美（ウェイトリフティング）、室伏広治（ハンマー投げ）、大日向邦子（パラリンピック）など。オリンピック・パラリンピックのメダリストらがずらりと名を連ねました。

たぶんに招致運動の応援団色が濃いわけですが、異なった競技のアスリートたちが気持ちをひとつにした点が画期的でした。注目すべきは、委員会の発足趣旨が「アスリート・ファースト」との言葉を使った一文になっていることです。

〈２０２０年オリンピック・パラリンピック招致活動を進めるに当たって、**アスリート・ファーストの観点から**、第一線で活躍中または活躍してきたアスリートに対して立候補ファイルの内容等招致活動の動向を周知するとともに、アスリートとしての知識・経験等オリンピックムーブメントをはじめとする招致活動に最大限活用することにより、国内外の招致活動の円滑な推進を図るものとする。〉

発足を契機に、アスリート委員会を軸にした競技者たちによる啓発活動が活発になっていきます。そして、その意思が集約されたのがＩＯＣ総会が開催されたベエノスアイレスでした。投票を前日に控えた9月6日のことです。

この日、招致応援に駆けつけていたアスリート委員会は記者会見を持ちました。一種のデモンストレーション（示威行為）ですが、記者会見の席には、日本を代表する名だたるアスリートの顔が並びました。

〈柔道の山下泰裕氏（ロサンゼルス大会超重量級で金メダル）／競泳の鈴木大地氏（ソウル大会背泳１００ｍ金）／マラソンの有森裕子さん（バルセロナ大会銀、アトランタ大会銅）／フェンシングの太田雄貴選手（北京大会フレール個人銀、ロンドン大会フレール団体銅）／パラリンピックの成田真由美さん（アトランタ、シドニー、アテネ、北京大会の競泳メダリスト）…ら。〉

しかも、ひな壇に競技者たちが誇らしげに並んだだけではありません。この席で、『アスリート宣言』なるものが世界へ向かって発信されたのです。日本のスポーツ界が、しかも競技者みずからがこんな『宣言』を発したのは前代未聞のことでした。

〈アスリート宣言〉

2013年9月6日　TOKYO2020アスリート委員会

スポーツには、未来を担う子どもたち、困難に立ち向かう人々、そして社会に、世界に、夢や希望、勇気をもたらす力があります。

私たちアスリートは、

行動や言葉のひとつひとつに大きな力があることを自覚し、

社会におけるスポーツの役割の向上に寄与し、次世代にその社会的価値を伝えます。

私たちアスリートは、

オリンピック憲章を尊重し、オリンピックムーブメントを推進し、スポーツの魅力と力を、

2020年東京に集結するアスリートと共有して未来に伝えてゆくことを約束するために、

クレド（信条）を定め、日本から世界へ発信します。

◆私たちはスポーツの普及・発展に努めます

◆私たちはフェアプレイの精神を守ります

◆私たちは国際貢献・交流に努めます
◆私たちは社会貢献に努めます
私たちは、
日本のアスリートとしての誇りと自覚、責任を持ち、スポーツへの感謝の心を忘れず、
日本と世界の人びとの架け橋になるように努力し、
スポーツを通じて世界平和に寄与することをここに宣言します。

『アスリート宣言』に目を通してみると、なかなかりっぱな内容です。骨子を要約してみますと、

○スポーツには人びとに夢、希望、勇気をもたらす力がある。
○アスリートはそれを自覚し、社会的役割と価値を伝達していく役割を担う。
○オリンピック憲章を尊重し、オリンピックムーブメントを推進し、未来に伝えていくことを約束する。
○スポーツの普及・発展、フェアプレー精神の尊重、国際貢献・社会貢献に努める。
○アスリートは、スポーツを通じて人びとをつなぐ架け橋となり、世界平和に寄与する

ことを誓う。

『アスリート宣言』を読みながら、私は、日本の競技者たちがひとつにまとまって大きな自覚した世界をつくってきていることに手ごたえを感じ、オリンピックの主役に選手たちが躍り出てきたとの感慨を抱いたのでした。

佐藤真海さんはこの『宣言』をバックボーンにして、みんなを代表してプレゼンテーションの大役を果たしたのです。背後には力強い応援仲間がいました。層になって進化してきている日本の競技者たち――。そこに期待の目を据えて「アスリート・ファーストのオリンピック・パラリンピックを」がイメージされ、膨らんできてもおかしくないでしょう。

◆競技者と監督とが連携――日本アスリート会議

層になって進化してきている日本の競技者たち――。それは、オリンピックの競技種目の枠にとどまらず、その枠を超えて広がりをみせています。

広がりのひとつに、「日本アスリート会議」の立ち上げがあります。2011年6月13日に、一般社団法人として設立されました。「設立にあたって」の文書には、次のような気構えが述べられています。

〈日本のスポーツが始まり百年が経ち、これまでアスリートは社会のなかで支えられてきました。しかし、**これからの百年は現場目線に立ちアスリートが日本を支えることを当会議は支援します。**〉

会議のメンバーは、議長に柳本晶一氏（元全日本女子バレーボールチーム監督）。議員――世話人にあたる――に、岡田武史氏（元サッカー男子日本代表チーム監督）、宇津木妙子（元全日本ソフトボールチーム監督）、平尾誠二氏（元ラグビー日本代表チーム監督）ら。顧問にプロ野球のWBC優勝監督の王貞治氏とJリーグの初代チェアマンの川渕三郎氏。

スポーツ実績を兼ねそろえた錚々《そうそう》たるメンバーです。主には、各競技での日本代表監督経験者で構成されています。いわば、競技者＝アスリートを押しだす〝元監督集団〟とも呼べる組織です。会議が打ち出した「目指す活動」は、つぎの諸点でした。

○アスリートの社会貢献活動支援。
○アスリートNPOsとの連携促進。
○アスリートが活動する場の提供。
○アスリートの社会貢献活動や環境整備に関する調査・研究事業。

○「日本アスリート会議」の開催など。

この会議の設立に寄せられた期待の声のいくつかを紹介しましょう。（氏名のあとの（　）の肩書きは、「日本アスリート会議」での役職ないし経歴です。）

王貞治氏（顧問）：〈この度、一人ひとりの力は小さくても、その活動を取りまとめ、より大きな力にして社会貢献活動をする推進母体を作ろうとのお話をいただき、発起人の一人に名前を連ねさせていただきました。〉

柳本晶一氏（議長）：〈数々の組織団体が日本にはありますが、点と点を結んで線にしたい。個性ある個々の集団がお互いに補完しながら、そこで新しい風やムーブメントを起こし、スポーツで明るい社会を作っていくための活動を「日本アスリート会議」でしていきたいと思っています。〉

岡田武史氏（議員）：〈アスリートや指導者はそれぞれNPO法人や社団法人を通していろいろな活動をしています。それらを1つにしていったらもっと大きな力になることができるという話を聞いて、大変素晴らしいことだと思い、私も協力させていただきました。〉

平尾誠二氏（議員）：〈この「日本アスリート会議」の意義は、〝**アスリート・ファース**

ト〟をキーワードに、アスリートや各種競技団体、スポーツNPOなどが、これからの日本のスポーツ界が進むべき道を、大きなビジョンとして次代に提示するため、ゆるやかに連携しながら共に行動して行くことにあると考えます。〉

為末大氏（陸上競技400mハードルのオリンピック選手）…〈日本のスポーツ全体が、世代間を超え、ひとつの目的のもとに集まる日が来る。日本アスリート会議がそのための羅針盤になってくれることをアスリートの一人として願っています。〉

朝原宣治氏（北京オリンピック陸上競技4×100mリレー銅メダリスト）…〈この「日本アスリート会議」ができたことによって、全国のNPO法人を自主的に立ち上げている選手や指導者がもっと情報交換し、効率よく社会に発信し、活動できるのではないかと期待しています。〉

ラグビーの平尾氏が、「アスリート・ファーストをキーワードに」と明示して、それが日本のスポーツ界の進む道だと力強く述べているのが鮮烈でした。

アスリートと監督たちの連携――。いっしょになってスポーツを通して社会貢献をすすめ、日本社会を支えようというのです。競技者と監督とが明確に一線を画していた半世紀前の私たちの時代からすると隔世の感がします。日本アスリート会議の立ち上げはわが国のスポーツ界の飛躍ぶりを示す出来事だと言えるでしょう。

第2章　メダルの色を超えた選手たち

『アスリート宣言』をバックボーンにして活躍する選手たちです。記憶に新しい、2014年の冬に開催されたソチ（ロシア）でのオリンピック・パラリンピックの舞台でも、「スポーツの力」がいかんなく発揮されました。

そこには、メダルの色を超えて、競技に全力をつくし、競技生活の意味を問い、スポーツと社会の現実に目を据えた選手たちがいました。彼らのプレーや演技を見て、競技を終えたインタビューでの発言を聞きながら、「アスリートってこんなに強く、素敵なのか！」と感心したものです。

弾んだ選手たちのなかから、羽生結弦、浅田真央、葛西紀明選手の3人のエピソードを拾ってみましょう。

◆報奨金は大震災復興支援に――羽生結弦選手（男子フィギュアスケート）

まずは羽生結弦《ゆづる》選手です。19歳の若さで男子フィギュアスケートの世界の頂点に立つ快挙を成し遂げました。

オリンピック直前の2013年12月に福岡で開催されたグランプリ（GP）ファイナル

（福岡大会）を、羽生選手は制します。それで勢いづいたのでしょう、ソチオリンピックでも圧巻の演技を見せて、男子フィギュアスケートで日本選手初となる金メダルを獲得しました。

ショートプログラムでは軽快な『パリの散歩道』（ゲィリー・ムーア作曲）に乗って、史上初の100点超えの101・45点をマークします。首位に立ったフリーではオリンピック独特のプレッシャーに押しつぶされそうになりますが、よく耐えて、4回転トウループを成功させるなど大きな演技で人びとをくぎ付けにしました。

若者の勢いは凄まじいかぎりです。〝伸びしろ〟が底知れぬほどあって、ひと晩で、一週間で、一か月で、滑るたびに、演技のたびにグイグイと実力をつけていくのですから……。オリンピック初出場での優勝。羽生選手の飛躍ぶりは人間が可能性に挑み、能力を開花させていくダイナミックな進化の過程を示す典型だと言えるでしょう。

羽生選手が、メダリストたちによるエキジビションで披露した音楽と振付は、バレエ音楽の『白鳥の湖』（チャイコフスキー作曲）でした。愛をつらぬく王子と白鳥の娘の思いに東北の被災者たちへの思いを重ねたと言います。

〈東日本大震災のことが一番大きい。僕は何ができたのかなと。（練習拠点を移すためカナダの）トロントに行って、震災が起きたところから離れた。こんなことで良かったのかなというのもあった。宮城県、仙台市、東北、被災地の支援をしてくださった方々がたくさんいると思うので、感謝の気持ちを持っておかなきゃいけない。〉

東北・仙台で育った羽生選手。練習会場のスケートリンクは東日本大震災で被害にあい、やむなく、全国各地のスケートリンクを探して転々としたそうです。ひと苦労もふた苦労もしてかなえられた金メダルでした。

ソチオリンピックから凱旋《がいせん》した羽生選手には、数々のご褒美《ほうび》がありました。金メダルをかざしながら、彼は「ご褒美でいただく報奨金《ほうしょうきん》は復興支援に当てます」と述べました。19歳の痩身《そうしん》の青年が大きく、そして、その表情は金メダル以上に輝いて見えました。

さらに…、オリンピック報告で文部科学大臣に会いに行ったときのことです。羽生選手は臆せずに、こう直訴《じきそ》したのです。

〈スケートリンクが足りません。フィギュア、ショートトラック、ホッケーでいつも混んで、十分に練習ができません。**全国にもっと通年で存分に使えるリンクを作っていただきたい。**〉

選手たちの思いを代弁した勇者の一擲《いってき》、アッパレ！でした。じつは、この発言には偉大な先輩による先例がありました。

２００６年2月のトリノ冬季オリンピックでのことです。女子フィギュアスケートであの優雅なイナバウアー※で魅了し、フィギュアで日本人初の金メダルを獲得した荒川静香さんが、その先輩です。羽生選手は荒川さんに憧れながら同じ仙台のリンクで練習を積み重ねました。

※イナバウアー　フィギュアスケートの技で、足を前後に開き、つま先を１８０度開いて真横に滑る技。１９５０年代に活躍した旧西ドイツの女性フィギュアスケート選手、イナ・バウアーが開発したのでその名が冠された。荒川静香さんの優雅な演技であらためて注目された。

荒川さんは現地トリノでの優勝記者会見で、仙台のアイススケート環境の悪化を懸念して、こう訴えました。

〈リンクが経営危機に瀕《ひん》しています。それでは次のオリンピック選手は育ちません。これがフィギュアスケーターの置かれている現状です。どうか、もっとあたたかい目を、大きな支援を注いでください。〉

彼女の声が届いたのでしょう。経営危機にあって一時閉鎖していたアイスリンクは2007年3月22日に営業を再開したのです。後輩にあたる羽生選手が地元で練習を続けてこられたのも、荒川さんのひと声があったからでした。そして今度は羽生選手の発言。彼女の意志が羽生選手にみごとに受け継がれたわけです。

二人の金メダリストの発言には世論を動かす力がありました。未来に夢をつなぎ、競技を目指す若い選手たちが安心して練習に打ちこめる環境をつくるために、オリンピックのトップ・アスリートが現状を訴え、正々堂々と発言していくことは、どんなにか重みのあることでしょう。

◇羽生結弦選手の主な成績◇

２００８年11月	全日本フィギュアスケートジュニア選手権（名古屋）	優勝
２０１０年３月	世界ジュニアフィギュアスケート選手権（ハーグ）	優勝
２０１１年２月	四大陸フィギュアスケート選手権（台北）	２位
２０１１年12月	全日本フィギュアスケート選手権（門真）	３位
２０１２年３月	世界フィギュアスケート選手権（ニース）	３位
２０１２年11月	ＩＳＵグランプリファイナル（ソチ）	２位
２０１２年12月	全日本フィギュアスケート選手権（札幌）	優勝
２０１３年12月	ＩＳＵグランプリファイナル（福岡）	優勝

２０１３年12月	全日本フィギュアスケート選手権（さいたま）	優勝
２０１４年２月	ソチオリンピック	優勝
２０１４年３月	世界フィギュアスケート選手権（さいたま）	優勝

◆転んで、立ち上がったアスリート魂――浅田真央選手（女子フィギュアスケート）

痛快だったのが、浅田真央選手でした。

前回、４年前のバンクーバー大会（カナダ）ではライバルのキム・ヨナ選手（韓国）に次ぐ2位でした。あの時、浅田選手は19歳。ちょうど今回の羽生選手のような勢いに乗っていました。

今度のソチ大会も浅田選手と復帰してきたキム選手とのトップ対決の構図でした。地元ロシアから、成長著しい16歳のユリア・リプニツカヤ選手の台頭もありましたが、事前の福岡でのＧＰファイナルでは浅田選手が実力を見せつけました。

心配な点は、その後、得意としている浅田選手のジャンプが不調にあえいでいることでした。〝ジャンプの女王〟と呼ばれた伊藤みどりさんを育てた山田満知子コーチのもとで磨いてきたジャンプです。バンクーバー大会では女子スケート初の「3回転アクセル」を成功させて気を吐きました。

しかし、ソチ大会が近づいてもジャンプの演技ではミスや失敗が目立ち、本来の高い跳躍とシャープな回転に精彩を欠き、思うような得点を出せない状態が続いていました。腰痛にみまわれていたとも言われています。そんな事情にはお構いなしに、「ソチは金メダル！」と期待するマスメディアの報道が浅田選手にのしかかりました。

それにもう一つ、大切なお母さんの逝去《せいきょ》に心を痛めていました。2013年12月初め、以前から体調不良だった母の健康状態が悪化し、12日に肝硬変のため死去しました。母親の葬儀の翌日から練習を再開したのも、悲しみを一時も早く乗りこえようとしてのことでしょう。

不調と母との死別――二つを背負ってソチに乗り込んだ浅田選手に動揺があったのでしょうか。本番のショート・プログラムでジャンプの転倒が相次ぎ、なんと16位と出遅れてしまったのです。早くも優勝はおろかメダル争いからも見放されてしまうなんて、いったいだれが予想していたでしょうか。

焦心の浅田選手。普通なら、「最後まで頑張れ！」と声援が送られるところですが、送られたのは意外な言葉でした。それも、２０２０年東京オリンピック・パラリンピック大会の組織委員会会長であり、元首相の森喜朗氏からでした。「あの子はいつも肝心なところで転ぶ・・・！」。

多分に叱咤《しった》激励のつもりだったのでしょうが、最高責任者の発言としては言ってはならない言葉でした。このフライングな発言は物議をかもしましたが、きっぱりと応えを出したのは浅田選手本人でした。

翌日の４分間の自由演技を、浅田は〈もはや失うものはなにもない〉と肝を据えたのでしょう、完璧に滑りきったのです。全６種類、計８度の３回転ジャンプをすべて成功させ、１４２・７１点の自己ベストを更新し、なんと６位入賞を果たしました。フリーだけだとライバルのキムを抜いて３位、存分に実力を見せつけました。

音楽の『ピアノ協奏曲第２番』（セルゲイ・ラフマニノフ作曲）が止み、演技を終えた浅田選手は感無量の表情で涙を浮かべ、歓声に笑顔で応えていました。

〈昨日はすごく悔しい思いをして、心配してくださった方もたくさんいると思うんですけど、**今日はこうして自分のなかで最高の演技をできたので、恩返しができたと思います。**〉

記者会見にのぞむと、マスメディアは興味本位の目で森氏の叱責発言への感想を聞こうとマイクを向けました。これには、「いまごろご本人が後悔しているのではないでしょうか」とサラリとかわしたのです。相手は最高責任者、聞いている方も溜飲《りゅういん》の下がる、スカッとした気分になりました。

これぞアスリート魂と言うのでしょう。スポーツは筋書きのないドラマ、最後まで全力を尽くすのが競技者の真骨頂です。それに、自立した選手ならではの言動でした。メダルには届きませんでしたが、浅田選手が見せたみごとな敢闘精神は人びとに「失敗を乗り越える」ことの大切さと、スポーツの持つ痛快さを示してくれたのでした。

◇浅田真央選手の主な成績◇

2004年11月	全日本フィギュアスケートジュニア選手権（大阪）	優勝
2005年2月	世界ジュニアフィギュアスケート選手権（キッチナー）	優勝
2006年12月	全日本フィギュアスケート選手権（名古屋）	優勝
2007年3月	世界フィギュアスケート選手権（東京）	2位
2007年12月	全日本フィギュアスケート選手権（大阪）	優勝
2008年3月	世界フィギュアスケート選手権（ヨーテボリ）	優勝

2008年12月	ISUグランプリファイナル（高陽）	優勝
2008年12月	全日本フィギュアスケート選手権（長野）	優勝
2009年4月	世界フィギュアスケート国別対抗戦（東京）	優勝
2009年12月	全日本フィギュアスケート選手権（門真）	優勝
2010年2月	バンクーバーオリンピック	2位
2010年3月	世界フィギュアスケート選手権（トリノ）	優勝
2010年12月	全日本フィギュアスケート選手権（長野）	2位
2011年12月	全日本フィギュアスケート選手権（門真）	優勝
2012年12月	ISUグランプリファイナル（ソチ）	優勝
2012年12月	全日本フィギュアスケート選手権（札幌）	優勝
2013年3月	世界フィギュアスケート選手権（ロンドン）	3位
2013年12月	ISCグランプリファイナル（福岡）	優勝
2014年2月	ソチオリンピック	6位
2014年3月	世界フィギュアスケート選手権（埼玉）	優勝

◆伸びしろがあるかぎり跳び続けます
――葛西紀明選手（ノルディックスキージャンプ）

スキー・ジャンプの葛西紀明選手の涙と笑顔も忘れられません。41歳のジャンパーが見せたソチ冬季大会ラージヒルでの銀メダルへの大飛翔は、「レジェンド（「生ける伝説」）」のニックネームにふさわしく「新たな伝説」を刻むものでした。

葛西選手のオリンピック挑戦は、ソチで7回目。苦節20年のジャンプ生活で獲得した個人初メダル、凄い！としか言いようがありません。

葛西はスキージャンプの名選手を輩出した北海道・下川町の出身。同郷の岡部孝信らと切磋琢磨して、中学時代から頭角を現します。19歳でアルベールビル大会（1992年、フランス）に初参加。成績はノーマルヒル31位、ラージヒルが26位でしたが、〝未完の大器〟への若々しい飛翔を見せました。

しかし、その後の葛西のジャンプ人生は〝大器〟への期待からはチグハグな、向かい風あり追い風ありの乱気流でした。

最初の壁はジャンプ時でのスキー飛型の革新の波にもまれたことでした。世界は空中で板を揃えて跳ぶクラシカルスタイルから、板の前方を開くV字スタイルに大きく移行している時代でした。この新スタイルの習得に乗り遅れた日本、試行錯誤を繰る返していた葛西は国際大会での成績が安定しない状況が続きました。

２回目のオリンピックとなった１９９４年のリレハンメル大会（ノルウェー）では、V字スタイルをマスターして、さらに体をスキー板に乗せて低く前傾する葛西独特の飛形で、5位に入賞します。団体ラージヒルではメンバーとして活躍して、みごと3位（銅メダル）に輝きました。

個人種目での上位の実力がついてきた矢先の１９９４年11月、ノルウェーで合宿中に転倒して鎖骨を骨折、翌年1月に復帰したものの再び転倒して同じ個所を痛めます。ケガとの葛藤を強いられた葛西、皮肉にも飛距離が出すぎることも禍《わざわい》となっていました。

その間に、若手で才能豊かな船木和喜がデビューし、１９９８年の地元日本の長野オリンピックでの団体ラージヒル金メダル獲得のエースに躍り出ました。優勝メンバーは船木と岡部、それに原田雅彦と斉藤浩哉の4人。そこには葛西の名前はありませんでした。

この時の悔しい思いをバネに葛西は奮起し、２０００―２００１年のワールドカップシーズンでは個人総合4位の実績を残します。ところが、２００１年10月にはそれまで所属していた「マイカル」が不況のあおりを受けて廃部したために、「土屋ホーム」に移籍する事態にみまわれました。ジャンプ生活を支える足場が揺れたのです。

こうした逆境のもとでも、葛西は日本のトップ水準を維持し、ソートレイク（２００２年）、トリノ（２００６年）、バンクーバー（２０１０年）のオリンピックに連続して出場します。その間に、長野大会で活躍した同世代の選手たちは次々と一線を退き、国内でも外国でも若い選手たちが台頭する時代へと移っていきました。

いつしか40代に手が届くまでになって、それでもなお、ただ葛西だけが「理想のジャンプ」を求めてひたすらに跳びつづけました。オリンピックの個人種目でのメダルがないのも、彼をあくなき挑戦に駆り立てたのでしょう。彼のひたむきな挑戦ぶりが世界のジャンパーたちに尊敬され、いつの間にか〝レジェンド（生きた伝説）〟の愛称で呼ばれるようになったのです。

でも、無冠のままで終われば〝レジェンド〟とは褒《ほ》め言葉から一転して、「生きた化石」とでも皮肉をこめられることにもなりかねません。こんな時に心の支えになったのが、若くして亡くなった母の言葉、「お前は強い人間だから」との激励だったと言います。

そして、41歳の最年長でソチオリンピックに出場を果たします。日本選手団の主将を務める葛西は、この年のワールドシーズンでの好調を維持して本番にのぞみ、日本チームを引っぱります。

個人ノーマルヒルこそ8位でしたが、ラージヒルでは1回目に136mの大ジャンプを見せて本人初の銀メダルを獲得、さらに団体ラージヒルでも銅メダルを獲得する好成績を収めたのでした。ジャンプでの世界最年長者メダリストとなったレジェンド、新しい伝説を刻んだのでした。

集大成のジャンプ！　しかし、葛西のジャンプ人生はここで終わりではありませんでした。メダルを誇らしくかざした葛西はにじみ出る感涙を抑えながら、「**伸びしろがあるかぎり、いつまでも跳び続けます**」と語りました。ソチ大会後も葛西は第一線で跳び続けて、世界のトップで活躍をみせています。

歓喜と落胆が交差しながら刻まれた彼のジャンプ人生は、人びとの生き方と重なって深く静かな感動を呼びました。葛西がすぐそばにいるヒーローであることで、トップアスリートたちの存在とその距離がグ～ンと身近になった感じでした。

◇葛西紀明選手の主な成績◇

１９９２－９３シーズン	スキージャンプ週間	総合成績２位
	スキーワールドカップ	総合成績３位
１９９２年	スキーフライング選手権	優勝
１９９４年	リレハンメルオリンピック	ラージヒル団体２位
１９９８－９９シーズン	スキージャンプ週間	総合成績２位
	スキーワールドカップ	総合成績３位
１９９９年	ノルディック世界選手権	ラージヒル団体２位
２００３年	ノルディック世界選手権	ノーマルヒル個人３位
	ノルディック世界選手権	ラージヒル個人３位
	ノルディック世界選手権	ラージヒル団体２位
２００７年	ノルディック世界選手権	ラージヒル団体３位
２００９年	ノルディック世界選手権	ラージヒル団体３位
２０１４年	ソチオリンピック	ラージヒル個人２位
	ソチオリンピック	ラージヒル団体３位

第3章　自由に自己表現する新競技者

かつてのアスリートと言えば、勝っておごらず、負けてもそれに耐え、必要以上のパフォーマンスは見せず、あまり人前で感情をあらわにしないで、多くを語らないのが良しとされ、美徳だとも言われてきました。

でも、スポーツの世界なのだから、もっと解放感にあふれ、感性が高ぶっても良いのではないでしょうか。それがいつのころからでしょうか、競技の結果を素直に受けとめ、勝って喜び、負けて悔しがり、相手の健闘を称える選手たちが増えてきました。

自由に自己表現する競技者たち――。これこそアスリート・ファースト（選手が主人公）の真髄だと言えるでしょう。それがもっと当り前のことになってほしいとの思いから、パイオニア的な存在である〝新競技者〟のうちの3人を紹介しておきましょう。

◆初めて自分で自分をほめたい――有森裕子さん（女子マラソン）

バルセロナ（スペイン）のモンジュイックの丘。標高184・8mの小高い丘からは古代から栄え、コロンブスがアメリカ大陸を発見して帰港した市街地が一望できます。

丘の中腹に位置するオリンピック・スタジアム。１９９２年の夏、バルセロナオリンピック女子マラソンのゴール地点です。そこをめざして勾配のある登り坂を、２人の女性ランナーが肩を並べ、暑い日差しに汗して、しのぎを削りながら力走している姿をテレビカメラが追います。

一人はワレンティナ・エゴロワ（ＥＵＮ＝旧ソ連邦連合※）で、もう一人は日本の有森裕子です。

※ＥＵＮ（仏：Équipe Unifiée、英：Unified Team）　１９９２年のアルベールビル冬季オリンピックとバルセロナオリンピックに出場した、バルト三国を除く旧ソビエト連邦構成国家によって構成された選手団、チーム。国際オリンピック委員会（ＩＯＣ）での国・地域名コード。

二人はすでに40ｋｍも駆けてきたとはとても思えないほど、強い意志をたぎらせて、ゴールをめざしています。それが終盤の６ｋｍも延々と続いており、二人の激走ぶりはテレビで見ていても息苦しく迫ってきます。私も握りこぶしに力を込めながら、固唾《かたず》を飲んで、テレビ画面にくぎ付けされていました。

凄まじいほどのデッドヒートはスタジアムのトラックまでもつれこみます。最後はスプリントに勝るエゴロワがスパートし、猛追撃してきた有森には余力がなく、2位でゴールインしました。その差はわずか8秒。しかし、有森選手の表情は晴れやかで、やりきった満足感をたたえていました。

戦後のオリンピック・陸上競技で、日本女子最初のメダリストとなった有森裕子――。彼女は岡山県出身、同郷に人見絹枝さん※がいます。人見さんは、1928年のアムステルダム・オリンピック女子800mで2位に入り、日本女性初のメダリストとなった傑出した選手でした。有森の背中を大先輩が押してくれたのかもしれません。銀メダルを獲得した8月2日は、くしくも人見さんの命日でもありました。

※人見絹枝　1907年（明治40年）1月1日―1931年（昭和6年）8月2日）。岡山県出身の陸上競技選手、ジャーナリスト。1926年の第2回国際女子競技大会（エイテボリ）に参加。日本人女性初のオリンピックメダリスト。100m、200m、走幅跳の元世界記録保持者。著書に『スパイクの跡』など。

レース前の予想では有森は〝三番目のランナー〟でした。実力者の山下佐知子（京セラ）、新進気鋭の小鴨由水（ダイハツ）に期待がかけられていました。それに、オリンピック代表選手の国内選考で、記録の上回る松野明美（ニコニコ堂）が「私をオリンピックに出してください」とアピール、有森支持と松野支持に分れた大騒動となって最後までもめた経過がありました。

苦悶を乗り越えての栄光でしたが、その後も有森は宿命のように苦悶を背負いこみ、葛藤の日々が続きます。

ランナーの持病とも言われる足底筋膜炎にみまわれ、走れない日々を過ごし、「もう死んでしまいたい」とまで追いつめられます。それに負けずに「このまま選手生活を終わらせたくない」との信念から2年後に手術をして復帰、意を決して次のアトランタオリンピックを目指します。

さらに、数々の女子トップランナーを輩出してきた名コーチ、小出義雄監督と佐倉アスリート倶楽部※を離れることになります。小出監督に、「彼女はいざというときに限界まで自分の力を出し切れる能力がある」と見こまれ、師の指導のもとで有森の才能がめきめき花開いたのでした。そこを断ち切って、自立し、あえて孤独なたたかいに挑んだのでした。

※佐倉アスリート倶楽部　女子長距離ランナーの名指導者である小出義雄氏を監督・代表取締役として千葉県佐倉市に拠点を置くクラブ。これまでに有森裕子さんほか、シドニーオリンピック女子マラソン優勝の高橋尚子、世界陸上アテネ大会女子マラソン優勝の鈴木博美選手らを輩出。

有森はアトランタ大会の出場資格を獲得するために一発勝負に出ます。国内選考レースの一つとなった1995年の北海道マラソンに出場、前半から独走となり、大会初の「サブ30」、2時間29分17秒の好記録で優勝します。あらためて「大勝負に強い」と評価され、今度は文句なく代表権を獲得して2大会連続の出場を果たしたのです。

そして…、本番のアトランタ・オリンピック（1996年）です。前半は2位集団についていて様子をみていた有森選手ですが、30km地点で満を持して抜け出します。一人トップを独走しているファツマ・ロバ（エチオピア）選手を、苦しさに顔をゆがめながらも猛追します。なんと勇敢で決断力のあるランナーなのでしょうか！

レースの結果は、実力で群を抜いていたロバが優勝。2位は前回の覇者エゴロワが喰いこみ、有森は追いあげてきたカトリン・ドーレ（ドイツ）をなんとかかわして3位でゴールインしました。不調と環境の変化にあえいできた有森、「限界まで自分の力を出し切れる」（小出監督）選手に違わず彼女の本領発揮のレースでした。

銀と銅、2大会連続のメダリストとなった有森選手のインタビューでの言葉が、人びとの心を惹きつけました。

〈メダルの色は、銅かもしれませんが、けれども…、終わってから、なんでもっと頑張れなかったのかと思うレースはしたくなかったし…、今回はそう思っていないし…、

初めて自分で自分をほめたいと思います。〉

涙目で、一語一語噛みしめながら語る有森。普通なら銀から銅への後退を「力およばず」と悔しがる結果ですが、彼女は悔いのないレースをやりきったことで、「自分で自分をほめたい」と言いきったのです。

彼女の言葉に、アスリートの真髄を聞いた思いになりました。考えてみれば、もともと競技はだれのためでもなく自分のためのものなのですから、順位以上に、自分が納得できる競技をしたかどうかに真の評価がされなければならないことを、有森は語ったのでした。

これまで、選手自らが「自分をほめる」ことなどおこがましいとみられていただけに、素直に心情を語る有森選手の発言は、アスリート像をガラリと変える革新性を秘めていました。いや、競技者だけではありません。この「自分で自分をほめたい」が人びとに使われ、その年の流行語大賞に選ばれたのも、「自分が主人公」との意識を改めて覚醒させられたからに違いありません。

私はこれを「有森革命」と呼んでいます。競技に全力をつくした結果を自己評価する——新しいアスリート像が発信された瞬間だと思ったからです。

◇有森裕子選手のマラソンの主な成績◇

レース日	レース名	順位	記録
1990年1月28日	大阪国際女子マラソン	6位	2時間32分51秒
1991年1月27日	大阪国際女子マラソン	2位	2時間28分01秒
1991年8月25日	世界陸上競技選手権（東京）	4位	2時間31分08秒
1992年8月1日	バルセロナオリンピック	2位	2時間32分49秒
1995年8月27日	北海道マラソン	1位	2時間29分17秒
1996年7月28日	アトランタオリンピック	3位	2時間28分39秒
1999年4月19日	ボストンマラソン	3位	2時間26分39秒
2001年6月24日	ゴールドコーストマラソン	1位	2時間35分40秒
2007年2月18日	東京マラソン	5位	2時間52分45秒

◆チョ～、気持いい～。鳥肌もの——北島康介選手（競泳男子平泳ぎ）

競泳・平泳ぎの北島康介は、おそらく21世紀を迎えた前半期に記憶される最大の日本競技者のヒーローと言えるでしょう。なんと言っても、アテネ大会（2004年）と北京大会（2008年）で100mと200mを連覇するという偉業を成し遂げたのですから……。

日本の平泳ぎは〝お家芸〟と呼ばれてきたほどオリンピックで活躍、伝統種目としての実績を誇ってきました。歴代のメダリストを列記しておきましょう。

鶴田義行：1928年・アムステルダム大会と1932年・ロサンゼルス大会の200mで2連覇。アムステルダム大会では陸上競技・三段跳びの織田幹雄とともにオリンピック日本人初の優勝者となりました。

小池礼三：1932年・ロサンゼルス大会の200mで銀メダル。1936年・ベルリン大会で銅メダル。

前畑秀子：1932年・ロサンゼルス大会の女子200mで銀メダル。1936年・ベルリン大会の女子200mで金メダル。日本女性初のオリンピック優勝者で、実況した河西三省アナウンサーの「前畑、ガンバレ！前畑ガンバレ！ガンバレ、ガンバレ！」は語り草になりました。

葉室鐵三：1936年・ベルリン大会の200mで金メダル。女子の前畑をはさんで200m平泳ぎで日本選手が3大会連続優勝。同一種目で日本選手が3連覇したのは、陸上競技三段跳びの織田幹雄（1928年・アムステルダム大会）、南部忠平（1932年・ロサンゼルス大会）、田島直人（1936年・ベルリン大会）があります。

古川勝：1956年・メルボルン大会の200mで金メダル。〝古川の潜水泳法〟として知られ、抜群の潜水力のために次回大会から禁止されました。

吉村昌弘：1956年・メルボルン大会の200mで銀メダル。

大崎剛彦：1960年・ローマ大会の200mで銀メダル。

田口信教：1972年・ミュンヘン大会の100mで金メダル。200mで銅メダル。前メキシコ大会では〝田口キック〟がドルフィンキックだとみなされて反則・失格という苦い経験を乗り越えた活躍でした。

岩崎恭子：1992年・バルセロナ大会の200mで金メダル。日本女子最年少14歳での獲得となり、「今まで生きてきたなかで、一番幸せです。」と語って、一躍〝時の人〟となりました。

北島康介：2004年・アテネ大会と2008年・北京大会で100m、200mの両種目を連覇。競泳での史上初の快挙を達成しました。

立石諒：2012年・ロンドン大会の200mで銅メダル。

鈴木聡美：2012年・ロンドン大会の女子100mで銅、200mで銀メダル獲得。

北島康介選手の最初の金メダルは、アテネオリンピックでの100m平泳ぎでした。世界新記録を次々に塗り替えてきた北島ですが、大会直前に北島の記録を超えたブレンダン・ハンセン（アメリカ）との一騎打ちとなりました。

しかし、綿密にレース展開を組み立てて、一寸のスキも見せずに勝負に挑んだ北島が気鋭のハンセンを寄せつけません。50mの折り返しで一歩リードすると、底力を見せつけてそのまま逃げ切ったのです。北島の完勝でした。優勝の瞬間、彼は何度となく雄叫びをあげ、プールの水を叩きつけ、大きくガッツポーズしました。

興奮状態のままでインタビューに応じた北島選手の口から飛び出した言葉は意表をつき、強烈でした。

〈**チョー気持ちいい（超気持ちいい）、鳥肌ものです。**〉

こんな派手なアクションと、〝若者ことば〟でのコメントは、これまでの日本選手には見られなかったまったくの新奇なことでした。おそらく、それを見て聞いた多くの人びとは、まずはあっけに取られ、聴き慣れない言葉に戸惑いをおぼえ、しばらくして北島に負けないほどのオーバーアクションで拍手喝さいを送ったのではないでしょうか！　私がそうでした。

　だれでも自己目標を達成した時には、こらえようのない感動がこみ上がってくるものです。ましてや、世界の頂点に立った瞬間の感動はとてつもなく大きいはずです。北島選手はそれをストレートに表現したのでした。ライバルである敗者をいたわる気持ちは大切なことですが、勝者が自らの感動を爆発させるのも素敵なことではないでしょうか。

　アテネ大会で「感動したシーン」の第1位が、「男子競泳、北島康介選手が100m、200mで金メダルをとったときのガッツポーズと雄叫び」で64.7％を占めたのは、納得のできることです。それほど人びとの心の内にピッタリとはまったからに違いありません。

　北島選手は次の4年後の北京オリンピックでも、記録を上回る選手たちを抑えて奇跡にも近い2種目連覇の偉業を達成します。この時のインタビューでも、「うれしい。すいません、何にも言えない。本当に金メダル取れてよかった。アテネのとき以上に気持ちいい・・・!」と、北島は涙で言葉を詰まらせながら語りました。

　なんと北島は感受性の豊かな選手なのでしょうか！　それを聞きながら、喜怒哀楽を表現する人間の代表のように思えました。私は、いよいよ日本の競技者たちが自分の感情を隠さず、言葉で、ポーズで自らの感動を表現する時代がやってきたという実感を抱いたのでした。

北島選手には、こんなエピソードもあります。２００８年6月のジャパン・オープンでのことです。

レースでコールされた北島は、英語で「I AM THE SWIMMER」、中国語で「是我在遊泳」と書かれたＴシャツでプールサイドに現れたのです。「泳ぐのは僕だ」と意味ですが、当時、高速水着騒動で、「水着」ばかりが注目されてスイマーの頑張りが蔑《さげす》まされていたことに対して、北島選手は自己主張して一石を投じたのです。

競技の主人公は選手だとの信念を抱く北島選手の真骨頂をみた思いです。

◇北島康介選手の平泳ぎの主な成績◇

２０００年	１００ｍ	シドニーオリンピック	4位	
２００1年	２００ｍ	世界水泳選手権	3位	2分11秒21
２００2年	１００ｍ	パンパシフィック水泳選手権	1位	1分00秒36

年	種目	大会	順位	記録
2003年	100m	世界水泳選手権	1位	59秒78（世界新）
	200m	世界水泳選手権	1位	2分09秒42（世界新）
2004年	100m	アテネオリンピック	1位	1分00秒08
	200m	アテネオリンピック	1位	2分09秒44（五輪新）
2005年	100m	世界水泳選手権	2位	59秒53
	50m	世界水泳選手権	3位	27秒78（日本新）
2006年	100m	パンパシフィック水泳選手権	3位	1分00秒90
2007年	100m	世界水泳選手権	2位	59秒96
	200m	世界水泳選手権	1位	2分09秒80
2008年	100m	北京オリンピック	1位	58秒91（世界新）
	200m	北京オリンピック	1位	2分07秒64
2010年	100m	パンパシフィック水泳選手権	1位	59秒35
	200m	パンパシフィック水泳選手権	1位	2分08秒36
2011年	100m	世界水泳選手権	4位	1分00秒03
	200m	世界水泳選手権	2位	2分08秒63
2012年	100m	ロンドンオリンピック	5位	59秒79
	200m	ロンドンオリンピック	4位	2分08秒35

2013年	100m	世界水泳選手権	6位	59秒98

◆オリンピックには魔物も女神もいる――内村航平選手（体操男子）

内村航平選手は、2012年のロンドンオリンピックの体操男子個人総合でみごと金メダルを獲得しました。個人総合ではロサンゼルス大会（1984年）の具志堅幸司以来の28年ぶりの優勝となりました。

元体操選手で「スポーツクラブ内村」を営む両親の指導を受けた内村は、幼いころから体操に親しみながら成長しました。とくにトランポリンでひねり技や高度な空中感覚を身につけ、ピタリと決める抜群の着地動作を会得します。〝内村降り〟と呼ばれるほどみごとなものです。

頭角をあらわしたのは高校時代で、その名が世界に知れわたったのは19歳で出場した2008年の北京オリンピックでした。団体戦メンバーとして安定した堂々とした演技を披露し、日本の銀メダル獲得に貢献する活躍をみせます。

さらに、体操個人総合決勝では、苦手とするあん馬で2度の落下がありながらも他種目で23人を抜き、最終的には2位の成績を収めました。日本人選手の10代でのメダル獲得は体操では史上初となりました。

北京大会での活躍が自信となったのでしょう、〝世界の内村〟へと飛翔《ひしょう》します。2009年の世界選手権で個人総合優勝を果たすと、2010年、2011年も制し男子体操史上初めてとなる世界選手権3連覇の偉業を成し遂げました。床や鉄棒で見せる美しい空中姿勢とみごとな着地の演技にはエレガント賞（2011年）が授与されました。

大回転、大車輪の内村は勢いに乗ったまま、ロンドンオリンピックに挑みます。「もはや内村にライバルなし」と言われて個人総合優勝は確実視され、さらに〝絶対的エース〟を持つ日本は団体での金メダルも手の届くところにいました。

ところが…、そこはオリンピックです。予期せぬ事態が待っていました。

さきに実施されたのが団体戦。金メダルを一身に背負った日本チームですが、出だしの予選でつまづきます。内村があん馬と鉄棒で落下するというまさかのミスをしてしまったのです。得点は伸びず、大会2連覇がかかる中国に遅れをとります。

内村にいつものキレとしなやかさが見られません。なにか起こったのでしょうか。さらに悪いことは重なるものです。決勝では内村に次ぐ得点源だった山室光史が2種目目の跳馬で足を痛めてしまい、戦列から離れます。それでも実力のある日本は、床、跳馬、鉄棒、つり輪、平行棒を無難にこなし、順位を着実に上げながら先行する中国に迫ります。

5種目を終えた時点で中国との差は2・577点。大差ですが、最終種目で高得点を揃《そろ》えれば逆転優勝もけっして不可能な差ではありません。そこに一縷《いちる》の望みをかけて最後のあん馬にのぞんだのでした。先に演技を終えた中国は総合得点275・997点の高得点をマークし、追走する日本にプレッシャーをかけます。

あん馬は予選での失敗もあり、日本にとって鬼門の種目になっていました。ひとつのミスも許されず、3人は高得点を出さなければなりません。しかし、一番手の山室に代って出場した田中和仁が演技途中で落下します。この時点で、日本の金メダルは消えてしまいました。

続く加藤凌平はなんとかまとめ、最後の演技者であるエース・内村につなぎました。内村が13・966点以上だと、日本の銀メダルが確定するという状況でした。いつもなら15点台の安定した高得点をマークできる内村です。しかし、その内村が予選で失敗していただけに不安はつのります。

どの種目も無難にこなせるオールマイティの内村ですが、あん馬はどちらかといえば苦手にしていました。これまでのオリンピックや世界選手権の種目別でのメダルに届いていないのもあん馬でした。それが銀か銅か、それ以下かの運命が掛かっているのですから、背負ったプレッシャーは大変なものだったでしょう。

滑り止めのロージング・パウダーをつけて、内村は演技を開始します。館内の衆目はその一点に絞られ、足先の伸びた美しい旋回を追います。さすが、修正能力の高い内村です。演技が止まった予選の失敗は繰り返しません。このままでフィニッシュまでいけば、あとは得意の着地、高得点が期待されます。銀メダルが見えてきました。

だが…、なんということでしょうか⁉ そのフィニッシュが突然崩れ、着地が乱れてしまったのです。考えられないミスです。しかも得意中の得意である着地でのアクシデントです。

天を仰ぐ内村、その得点は13・466点――。日本チームの総合得点は271・252点にとどまってしまいました。これでは、2位イギリス、3位ウクライナとなり4位に転落です。メダルからも遠ざかり、内村をはじめ日本男子体操チームは、椅子に座ったままガックリと肩を落としていました。

この時、日本側は「内村の点数にはフィニュッシュの難易度が認定されていない。倒立で上った時点でC難度が認定されるべきだ」と抗議します。これが認められれば、内村の得点に0・5点から0・6点が加算されることになります。そうなれば、日本チームは僅差で銀メダルを獲得することになるのです。

審判団が協議した結果、日本の抗議が受け入れられ、総得点は271・952点に訂正され、中国に次いで2位に滑り込んだのでした。「薄氷を踏む思い」とはこのことを言うのでしょう。エース内村は苦笑いをしながら、インタビューにこう答えました。

〈メダルは取れましたけど後味の悪いチーム戦だったなと思いました。コンディションは悪くはなかったのですが…。**オリンピックには魔物がいますね～**。〉

そうなのです。オリンピックには魔物がいるのです。過去に、「絶対、金メダル間違いなし」と言われていた強豪選手やチームが、オリンピックの魔物によって不本意な成績に終わった事例はいくらでもあります。それほどオリンピックで頂点に立つというのは至難の技なのです。

それもあって、内村には〝絶対〟と見られていた個人総合金メダルへの心配をする声も上がりました。

しかし、一度魔物に遭った内村です。気持ちを入れ替えて個人総合の演技にのぞみ、団体でミスをしたあん馬を15・066点で乗り切ると、3種目目の跳馬で完璧な着地を見せて16・266点の高得点で首位に立ちます。そして、全6種目をすべて15点台以上でまとめるなど安定した演技を取り戻して、最終得点は2位に1・658点の大差をつけて金メダルを獲得したのでした。

終わってみれば、オリンピックには魔物もいれば女神もいるのです。内村選手は一度にその両方に出会ったのでした。世界の頂点を競う極限の舞台であるオリンピック。「オリンピックには魔物がいる」との言葉は、頂点に挑む競技者の心の深層を正直にあらわしていると言えるでしょう。これもアスリートならではの言葉です。

◇日本体操男子のオリンピックでの個人総合・団体のメダル獲得◇

年	開催都市	個人総合	団体
1956年	メルボルン	小野喬2位	2位
1960年	ローマ	小野喬2位	1位
1964年	東京	遠藤幸雄1位／鶴見修治2位	1位

1968年	メキシコシティ	加藤沢男1位／中山彰規3位	1位
1972年	ミュンヘン	加藤沢男1位／監物栄三2位／中山彰規3位	1位
1976年	モントリオール	加藤沢男2位／塚原光男3位	1位
1980年	モスクワ	不参加	不参加
1984年	ロサンゼルス	具志堅孝司1位	3位
1988年	ソウル		3位
1992年	バルセロナ		3位
1996年	アトランタ		
2000年	シドニー		
2004年	アテネ		1位
2008年	北京	内村航平2位	2位
2012年	ロンドン	内村航平1位	2位

第4章　あの3・11に連帯したアスリートたち

2011年3月11日午後2時46分18秒――。太平洋側の東北地方は観測史上最大と呼ばれるマグニチュード9・0という大地震にみまわれました。直後に巨大津波が襲い、沿岸の村や町は飲みこまれて壊滅的な被害をこうむりました。加えて、福島第一原子力発電所が倒壊し、放射能汚染が拡大する深刻な事態に被われました。死者・行方不明者は18・499人、避難者は40万人以上。いまも復興は困難ななかに置かれています。この未曾有の東日本大震災に遭遇して、多くのアスリートたちが復興活動に連帯し、被災者の激励に立ち上りました。

アスリートたちの連帯した活動は、彼らの社会的な存在と役割を拡大していく大きな契機となりました。ここに紹介したのはその一端です。

◆見せましょう、野球選手の底力を――嶋基宏選手（プロ野球・元選手会長）

大震災の被害規模は甚大《じんだい》でした。やっと被災地での救済・復旧活動が着手されはじめた4月2日のことです。札幌ドームでプロ野球12球団による震災支援のチャリティマッチが急きょ開催されました。

試合開始に先立ち、日本プロ野球選手会長（当時）の嶋基宏選手（東北楽天ゴールデンイーグルス）が「見せましょう、野球の底力を」と被災地に連帯するあいさつをのべました。嶋選手会長の言葉は力強く、ドームに響きわたり、聞く人びとの心に沁みました。


……地震が起きてから、眠れない夜を過ごしましたが、選手みんなで「自分達に何ができるか?」「自分達は何をすべきか?」を議論し、考え抜きました。今、スポーツの域を超えた「野球の真価」が問われています。

見せましょう、野球の底力を。／見せましょう、野球選手の底力を。／見せましょう、野球ファンの底力を。

共にがんばろう東北！／支え合おうニッポン！

僕たちも野球の底力を信じて、精一杯プレーします。

被災地のために、ご協力をお願いいたします。


この試合の入場料収益は救済・復興支援にむけられました。プロ野球選手たちは大震災の報を聞くと、すばやく結束して、ただちに被災者救済の募金活動に立ちあがったのでした。

○…3月20日には楽天の全選手によりナゴヤドームで募金活動をおこなう。
○…3月22日には阪神・淡路大震災の被災地である神戸市三宮で募金活動をおこなう。
○…3月26日には福岡ソフトバンクホークスの選手である小久保裕紀が発起人となって行われた、東日本大震災チャリティートークイベント「今、私たちにできること」に嶋・鉄平・永井怜・田中将大・岩隈久志ら楽天イーグルの各選手が参加し募金活動をおこなう。

ここには、かつて阪神淡路大震災（1995年1月17日）の際、イチロー選手（現大リーガー）などが所属したオリックスブルーウェーブ（当時）が『がんばろうKOBE』を合言葉に支援活動を繰り広げた経験が活かされました。

嶋選手会長は、ことあるごとに復興支援を訴え、「野球の底力を見せよう」と呼びかけます。この年、7月24日に本拠地のKスタ宮城（楽天Koboスタジアム宮城）で開催されたオールスターゲームでのあいさつも勇気づけられ、心に残るものがありました。

…しかし、生かされている僕たちは前を向いて、自分の人生を切り拓いていく使命があります。「ヒトの力」はこんなものではないはずです。僕たち野球選手の使命は、野球の魅力や、そこから生まれるドラマを通じて、「ヒトの生きる力」に貢献することだと思います。ここKスタ宮城の開幕戦で、僕は「誰かのために闘える人間は強い！」と言いました。ここにいる選手たちは皆、「誰か」のために闘っています。

日本中に感動して頂けるようなプレー、そしてプレーしている僕たちも感動できるような戦いを後半戦繰り広げていきます。**一緒に感動を分かちあい、熱くなり、「ヒトの力」を信じて、明日からまた一緒に前を向いて歩いていきましょう。**きっと、「できるはず」です。本日は存分にこの「マツダ・オールスターゲーム2011」を楽しんでいってください。

プロ野球選手の結束した力はどこからきているのでしょうか？

そこには、選手の人権擁護と待遇改善を目的に結成された労働組合日本プロ野球選手会（1985年認定）の組織力があります。これまでフリーエージェント制導入※やドラフト制度の改革に力をそそぐとともに、近鉄バッファローズ解団問題では選手の生活権を守るストライキを決行するなど、労組としての力を発揮してきました。

※**フリーエージェント**（free agent, FA）　いずれの球団とも選手契約を締結できる権利をもつ選手のこと。フリーエージェントとなることができる権利を「フリーエージェント（FA）権」という。日本におけるFA制度は1993年のオフに導入され、2003年、2008年に改正が行われ、現在9年同一球団在籍で行使できる。

選手会労組の活動はファンである国民と連帯する基盤にもなりました。選手会は、震災発生以降、2011年5月に、陸前高田、大船渡に対し「野球を再び楽しめる環境支援」との目的で、試合のできる環境づくりとしてグラウンド整備や防球ネット、スコアボード、投光機など備品の寄贈をおこなってきました。

震災から1年を迎えた2012年3月10日には、プロ野球機構と選手会労組（新井貴浩会長＝阪神）とが共同して、「東日本大震災復興支援ベースボールマッチ」を東京ドームで開催しています。ドーム球場には被災者12000人が無料招待されました。試合の収益の一部や慈善オークションの売り上げ1億円が震災遺児支援活動の義援金として寄贈されています。

被災地仙台にホームを置き嶋選手も所属する楽天イーグルスも奮起します。ヘルメットに『がんばろう！東北』のロゴを刻み、ペナントレースでの頑張りの力にしました。そして、2013年のシーズンは戦績でも楽天イーグルスは大躍進します。

エース・田中将大投手（現ヤンキース）が〝負けなし〟の大車輪の活躍を見せて、パ・リーグを初制覇します。その勢いに乗って日本シリーズでは巨人と7戦までもつれこむ激闘を繰りひろげて、地元・Kスタ宮城での最終戦を3対0で完勝し、初優勝を遂げました。

楽天イーグルスの快挙はどれほど東北の被災者を励ましたことでしょうか。互いにしのぎを削り、し烈なペナントレースを必死にたたかう選手たちと、復興の困難に負けずに希望を抱いて生きている被災者との精神的な共感――「野球の力」と「ヒトの生きる力」との連帯です。

大震災からちょうど3年目の2014年3月11日でした。プロ野球阪神の選手会が復興支援のためDeNAとのオープン戦の試合前に、兵庫県西宮市の甲子園球場で募金活動をおこないました。「風化させないように、こういう活動を続けていきたい。少しでも勇気を与えられるように、全力でプレーしたい」（阪神タイガーズ選手会長の上本博紀選手）。

連帯はホームを超え、球団を超えて広がり、「野球でなにができるのか」を問いかけながらいまも続けられています。それを通じてプロ野球の観客動員数が年々伸びてきているのも、選手とファンとが心が通いあい、絆が強まっている証拠ではないでしょうか。

◆メダルを被災地に早く持って帰りたい――福原愛選手（卓球女子）

２０１２年のロンドンオリンピック。日本選手の活躍はめざましく、史上最多の３８個のメダルを獲得しました。選手たちを後押ししてくれた力のひとつは震災にめげずに頑張る人たちでした。

同時に、選手たちは日本オリンピック委員会（ＪＯＣ）のもとにつくられた「東日本大震災復興支援『がんばれ！ニッポン！』プロジェクト」に参加し、被災者を激励する活動に奮闘してきました。

その一人が卓球女子の福原愛選手です。宮城県仙台市出身の福原選手は、大震災の報せを海外での合宿先で受けました。福原選手はすぐに手記を発表して被災地の人びとに思いを寄せて励まします。３月15日の手記の一部を紹介します。

私は海外で合宿を行っているなか、関係者より大地震発生の一報を受けました。甚大な被害が出ており、多くの方々が被災されたことを知り、本当にショックで涙が止まりませんでした。その後、日を追うごとに判明していく被害の大きさ、多くの尊い命が失われた

ことに、心が痛み、辛い気持ちで一杯です。（中略）
被災地の皆さん。どうか力を合わせて頑張ってください。世界中の多くの方々が皆さんを応援しています。
私がまずできたことは義援金による支援でした。今後は、関係者と協力しながら義援金を募る活動も行い、状況に合わせた私ができる支援を行いたいと考えています。**スポーツ選手としての立場でできることがあると信じて、競技はもちろんですが、支援活動を行いたいと思います。**私ができることは少なくもどかしい気持ちですが、今できることをしっかりと行い、皆で力を合わせて被災された方々を支えていきたいです。（以下略）

福原選手はJOCの「がんばれ！ニッポン！」プロジェクトの中心メンバーとなって練習や遠征、海外での試合の合間をぬって被災地に足を運び、救援物資の提供とともにスポーツを通して被災者にふれあう活動に力をそそぎます。「スポーツから生まれる笑顔がある」がプロジェクトのスローガンですが、まさに〝愛ちゃんスマイル〟が被災地でたたかう人びとの困難をやわらげ癒《いや》してくれているに違いありません。

福原選手は「必ずメダルを取ってきます」と約束して、強い決意でロンドンオリンピックに挑みました。

〝天才少女〟と呼ばれた愛ちゃん。卓球女子のエースとして活躍してきましたが、オリンピックでのメダルには縁がありませんでした。3歳で卓球を始めた愛ちゃんにとってロンドン大会は卓球人生20年の節目、心に期すものがありました。

個人戦は不本意でしたが、平野早矢香、石川佳純と組んだ女子団体戦では「チーム・ジャパン」の心意気で勝ち進みます。準々決勝では観客席に東日本大震災の被災地から、仙台出身の福原を応援に来た子どもたちがいました。メダルを約束した子どもたちです。それも大きな励みになったのでしょう。

準決勝はライバルのシンガポール。エースのフェン・ティアンウェイは今大会の個人戦で銅メダル、最大の壁として立ちはだかっていました。第1ゲームはそのフェンと福原のエース対決となり、勝敗を決定づける天王山となりました。過去の戦績は福原の1勝9敗。奇跡が起こるか⁉

福原は「オリンピックは何が起こるか分からない。1球目から集中力の戦い」と、自分に言い聞かせて気合を入れて試合にのぞみます。打ち急ぐ悪い癖も我慢し、ラリーをつないでミスを誘ったことで、さすがのフェンも集中力が切れてしまいます。冷静で魂のこもったプレーを続ける福原、結果は、3―1の圧勝でした。奇跡が起こったのです。

これでいっぺんに流れは日本に来ました。続く石川がストレート勝ちで王手を取ります。最後のダブルス戦は平野と石川のコンビがかみ合い、シンガポール組を翻ろうして戦意を喪失させ、3―0と圧倒します。この瞬間、オリンピックでの初のメダル獲得が決まりました。福原、平野、石川が抱き合って喜ぶ姿がテレビの画面に大写しにされました。

決勝戦は実力に勝る中国に一蹴されましたが、福原選手は東北の人びと、子どもたちとの約束を果たし、堂々と銀メダルを胸に掛けたのでした。

〈こうして皆さんの力でメダルを取ることができたので、**早くメダルを被災地とか出身地である仙台に持って帰りたい**です。〉（福原愛）

試合の勝敗が極限に達した時、選手たちは自分の実力と意志を信じるとともに、天を仰いで見えない力が後押ししてくれることを願うものです。福原選手が準決勝で見せたプレーがそうでした。後押ししてくれたのは大震災のなかできびしくも強く生きている被災者であり、希望の明日を追う子どもたちだったと言えるでしょう。

ロンドン大会では日本選手団は過去最多のメダルを獲得し、179人が8位までに入賞しました。そのなかで、東日本大震災で被害の大きかった福島、宮城、岩手、青森4県の出身選手は、次の10人でした。震災を経験した選手たちは福島愛選手と同じように特別な思いでオリンピックにのぞんだに違いありません。

なお、女子サッカーの鮫島彩選手は栃木県出身ですが、福島のJヴィレッジに本拠地を置いた東京電力女子サッカー部マリーゼに所属、大震災・原発事故でJヴィレッジが使えなくなり、オリンピックではベガルタ仙台に移籍して出場しました。

〔ロンドンオリンピックでの1位〜8位入賞の東北出身選手〕

伊調馨――女子レスリング63kg金、青森県。／小原日登美――女子レスリング48kg金、青森県。／岩清水梓――女子サッカー銀メダル、日テレベレーザ所属、岩手県出身。／千田健太――フェンシング男子フルーレ団体銀、宮城県。／淡路卓――フェンシング男子フルーレ団体銀、宮城県。／古川高晴――アーチェリー個人総合銀、青森県。／大友愛――女子バレーボール銅、宮城県。／菅原智恵子――フェンシング女子フルーレ個人・団体7位、宮城県。／渡邉一成――自転車男子チームスプリット8位、福島県。／新田祐大――自転車男子チームスプリット8位、福島県。

◆誕生日と同じ日、宿命をおぼえます――横綱白鵬（大相撲力士会会長）

大相撲の横綱白鵬の誕生日は、東日本大地震にみまわれた3月11日と同じ日です。例年のことなら、誕生日のあたりは大阪での春場所（三月場所）の直前か最中にあたり、誕生祝いは〝優勝〟ということでお預けになります。

ところが…、２０１１年（平成23年）の春場所は〝春の嵐〟にみまわれ、大相撲は異様な事態となっていました。予定では3月13日から27日までの15日間、いつもの大阪府立体育館で開催される手はずでした。

そこに異変が起こったのです。2月に発覚した力士や床山などによる大掛かりな野球賭博事件によって、日本大相撲協会は騒然となり、「捜査中」を理由に本場所の中止を発表したのです。これは戦後初めての出来事であり、苦渋の選択でした。

続く五月場所（夏場所）も「技量審査場所」と呼ばれ、正規の本場所ではなくなりました。こうして26歳の白鵬関の誕生日は、突然の東日本大震災と大相撲春場所の中止とが重なったのです。それは、本人にとって最大の難事と言える出来事だったことでしょう。

この難事に直面した横綱白鵬は抜群の心・技・体が充実した持ち主としての本領を発揮

します。

〈大震災と誕生日が一緒だということに宿命のようなものを感じます。被災者を励まし、復興支援のために一肌も二肌も脱げと言うことでしょう。力士としてできることをやろうと思います。〉

まず、自らが東北に足を運び、部屋や力士仲間と被災地を巡業、炊き出しで交流します。6月には宮城・大崎市の観光大使に就任、地元では白鵬関が所属する宮城野部屋直伝の「鳴子ちゃんこ鍋」が名物となり、場所中は、「ちゃんこを食しながらの白鵬応援」が定番となったそうです。

白鵬関は大相撲の不祥事態が落ち着くと、力士会※の会長として被災地支援で相撲場建設のプランを打ち出し、全力士に呼びかけます。本場所が2場所ぶりに復活し、九月場所（秋場所）の開幕を目前に控えて両国国技館で開かれた力士会の席でのことでした。

※力士会（りきしかい）　力士生活の向上のため力士の立場から日本相撲協会へ提言することを目的にした組織であり、十両以上の力士で構成。力士会の会長は、慣例でその年初場所の番付最上位者か、先に昇進した横綱が務めることになっており、現在の会長は２０１０年３月から横綱・白鵬が就いている。

「白鵬プラン」は、東北の子どもたちをバックアップする目的で、全関取が今後10年間毎月1万円ずつ寄付し続け、その寄付金で土俵を建設するというもの。力士会はこの提案を決定します。なんという夢のある壮大で献身的な提案でしょう。

まず、第一弾として2012年4月に岩手県山田町に屋根付きの相撲場が完成しました。建設費約1000万円は力士会と白鵬の寄付金で支払われたと聞きました。ついで2013年には宮城県気仙沼市に作ることが決まり、白鵬関は建設予定地である気仙沼市総合体育館の施設内に土俵を作るための30トンの土を手配しました。これに続いて福島県にも建設を予定しています。

〈震災の経験をした子どもは精神的にも肉体的にも強くなる。その子たちがこの国を引っ張ってくれるんじゃないですかね。〉（白鵬）

この活動に対し、相撲場建設の仲介を行った日本ユネスコ協会連盟から感謝状が届けられます。「力士会が一丸となって震災に対してやってきたことが認められた。（今後も）しっかり活動していきたい」と白鵬関は決意のほどを語っています。

こうした力士会の動きにも呼応して、日本相撲協会は2012年8月に被災地巡回慰問と謳って東北地方を中心とした夏巡業を挙行します。

大相撲２０１２年被災地巡回慰問夏巡業の日程
８月４日　旭川市（北海道）▽５日　帯広市（同）▽７日　石巻市（宮城県）▽８日
宮古市（岩手県）▽９日　五所川原市（青森県）▽10日　秋田市▽11日　花巻市（岩手県）
▽12日　大江町（山形県）

そして迎えた大震災３周年目の２０１４年３月11日です。白鵬関の29歳の誕生日は三月場所の三日目にあたり、取り組みの相手は人気急上昇中で新進気鋭の遠藤でした。この日の〝楽しみの一番〟は白鵬が格の違いを見せつけて圧倒、わずか２秒９で遠藤を土俵の外に突き出しました。

〈土俵の上で、テレビを通じて、少しでも横綱の強い姿を見て、良かったなと思ってもらえればいい。29歳の初日。いい１日だった。〉

「横綱」であるということはどういうものであるのか、その存在と意味を白鵬関は、土俵の上で、復興支援の活動のなかで示したと言えるでしょう。この時、白鵬関は心・技・体が揃った正真正銘の〝大横綱〟として誰もが認めるようになったと思います。

白鵬関ら力士会が寄贈した土俵場は、すでに岩手・山田町と宮城・気仙沼市で完成しています。白鵬関は語ります。「私が実際にその土俵で、子どもたちと相撲を取りたい。東北から集めて大会を開いたりもね。私の夢の１つ」。その夢は現実になってきています。

いろいろな思いと縁で大震災の救援に駆けつけ、復興活動に携わっているのは、白鵬関に限らず多くの人たちが抱く連帯の心意気でしょう。ここでは、白鵬関を筆頭に力士会が総出で立ち上ったことで、八百長事件などの不祥事を自らの社会貢献のなかで打開しようとしている姿に胸打たれ、明日の大相撲への希望の光を感じ取ったことを記録に刻んでおきたかったのです。

第5章　「参加と平等」に挑むパラリンピアン

「2020東京」では第32回夏季オリンピックに続いて第16回夏季パラリンピックが開催されます。オリンピックとパラリンピックが対等に位置づけられ、同じ大会組織委員会のもとに実施されるところに時代の進歩をおぼえます。

しかし、正直に言って、オリンピックほどにはパラリンピックは知られていないのが現状ではないでしょうか。そこにはいろいろな要因が考えられますが、日本では「競技」としてのとらえ方が弱く、スポーツを障害者の〝社会参加〟として奨励する積極的な支援が十分でないことも起因しているように思われます。

身体的な障害と社会的なハンディーを背負っているパラリンピアンたち。パラリンピックの舞台で活躍してきた競技者の体験を通して、この本のコンセプトである「アスリート・ファースト（選手が主人公）」への理解をさらに深めていきたいと思います。

◆結果は私一人の力ではない――成田真由美さん（パラリンピック競泳女子）

パラリンピックの舞台で大活躍した日本選手は少なくありません。その一人に成田真由美さんがいます。すでに現役選手は引退していますが、彼女の残した実績にはびっくりするものがあります。

成田さんは水泳の選手で、出場したパラリンピックはアトランタ（１９９６年）、シドニー（２０００年）、アテネ（２００４年）、北京（２００８年）の４大会です。この４回で金メダル15個、銀メダル３個、銅メダル２個、計20個のメダルを獲得するという活躍ぶりでした。

なかでも、アテネ大会では出場した６つの個人種目と50ｍ×４フリーリレーですべて優勝、７冠を達成しています。その内容も６つの世界新記録、１つの大会新記録という立派なもの。パラリンピックの「水の女王」と呼ばれて注目されました。

メダルの量産は、まだパラリンピックの競技種目のクラス分けが未整理で細分化されていた時期だったことにも関係していました。クラスが整理された北京大会では、成田さんはそれまでより障害が軽いクラスに入れられたために苦戦し、メダル獲得はなりませんでした。それでも「水の女王」の名は輝きを失いませんでした。

成田さんが障害者となったのは中学生のときでした。横断性脊髄炎を発症し、下半身麻痺となり、以後、車椅子生活を余儀なくされます。その後も心臓病、高血圧症などで20回以上の入退院を繰り返したり、23歳のときには運転していた車が追突事故に巻き込まれ、頚椎を損傷、その後遺症で左手が麻痺し、体温の調整機能も利かなくなるなど、大変なことに遭遇してきました。

もともとスポーツの大好きな少女だった成田さんです。性格的にも明るく、前向きに物事をとらえる成田さんは、リハビリを兼ねチェアスキーを楽しみます。22歳の時に仲間に誘われて水泳を始めるようになりました。選手としての自覚を持って本格的な練習を開始するのはアトランタパラリンピックを目指すことになってからでした。

しかし、すぐに障害者を受け入れてくれる水泳クラブがないことに気づかされます。選手コースのある一般のスイミングスクールに入会を頼みに行っても、次々に断られたそうです。クラブに障害者を受け入れる考えもなければ体制もないのです。

それでも成田さんはあきらめずにクラブの門を叩きました。やっと6件目に訪ねたクラブでなんとか入会が認められ、彼女を指導してくれるコーチに出会ったのでした。

そこでのきめ細かなコーチングを受けてめきめきと泳力をつけた成田さんは、最初のアトランタ大会に出場し、金メダル2個、銀メダル2個、銅メダル1個の好成績を収めました。しかし、当時は「本格的なパラリンピアンを目指そう」という思いは弱かったと言います。

「大きなきっかけになったのは……」と、成田さんはある講演で次のように述べています。

私にとって、大きな出来事がありました。長野で行われた冬季パラリンピックを観客として見に行っていたのです。
開会式で選手が入場行進してくるのを見て、私のなかにあった気持ちがふつふつと盛り上がってきました。「もう一度選手としてやっていこう。そしてシドニーをめざそう」と。長野からコーチに電話して「真由美だけど。シドニーめざすからヨロシク」とだけ伝えました。
そこで大きな目標もできました。「シドニーで世界新記録を出す、自己記録を塗り替える」。そんな気持のあと、練習をがんばっていこうという気持になりました。

パラリンピックのテレビ実況はオリンピックほど多くはありませんが、それでも成田さんの力泳ぶりには人びとの心をとらえるものがありました。十分なキックもできず、水を掻く手に力が入らなくても、懸命にゴールをめざす姿には人間の持つ底力《そこぢから》を感じさせられるものがありました。「挑むことで不可能はない」と言っているようでした。

成田さんは自らの体験を伝える講演を全国各地でおこなって、障害者も健常者も励ましています。アテネパラリンピックでの活躍と講演活動による障害者スポーツ普及への貢献によって、2005年には国際パラリンピック委員会からパラリンピックスポーツ大賞(最優秀女子選手賞)が贈られました。

2010年に横浜市立嶮山(けんざん)小学校が「人権週間」で成田さんを招きました。その模様が同校のホームページで紹介されていましたので、一部を抜粋しました。

…まだまだ障害をもつ人には、不親切な社会なのです。社会のなかのことなので小学生にはどうしようもないことも多いけれど、小学生でもできることも(成田さんから)教わりました。「お手伝いできることはありませんか。」この一言が大切だと…。

「でも、これらの(パラリンピックでの)結果は私一人の力ではない。私を応援してくれている家族やコーチは勿論《もちろん》、私が飲んでいる薬や使っている車椅子を作ってくれた人、私に関わるたくさんの人々がいたからこそある結果。」成田さんを取り巻く多くの方々のおかげで勝ち取れた金メダル。目標をもって頑張り続けること、自分と関わる多くの人々に感謝することの大切さを教わりました。

いま、成田さんは「２０２０東京」大会組織委員会の理事の一人として準備活動に力をそそぎ、とりわけパラリンピックの成功にむけて選手たちを励まし続けています。その頑張りの源を成田さんはこう語っています。

〈普段から心がけていることは「**ダメだできないと思うのも自分、やるぞと思うのも自分、すべてが自分の気の持ちようだ**」ということです。与えられた障害を受けとめ一度しかない人生だから楽しもうと思って、頑張っています。〉

◇成田真由美選手のパラリンピックでの成績◇

アトランタパラリンピック	１９９６年	①50ｍ自由形（Ｓ４）、②１００ｍ自由形（Ｓ４）、
シドニーパラリンピック	２０００年	③50ｍ自由形（Ｓ４）、④１００ｍ自由形（Ｓ４）、⑤２００ｍ自由形（Ｓ４）、⑥50ｍ背泳ぎ（Ｓ４）、⑦１５０ｍ個人メドレー（ＳＭ４）、⑧４×５０ｍフリーリレー（20pts）
アテネパラリンピック	２００４年	⑨50ｍ自由形（Ｓ４）、⑩１００ｍ自由形（Ｓ４）、⑪２００ｍ自由形（Ｓ４）、⑫50ｍ背泳ぎ（Ｓ４）、⑬０ｍ平泳ぎ（ＳＢ３）、⑭１５０ｍ個人メドレー（ＳＭ４）、⑮４×50ｍフリーリレー（20pts）

◆自分の「極め感」を追って――土田和歌子選手（車いす陸上競技）

20世紀と21世紀の分岐の年、ちょうど2000年に開催されたシドニーオリンピックは「ミレニアムオリンピック」――ミレニアムは1000年単位――と呼ばれました。同時に、この大会はパラリンピックとの連携が大きく飛躍した節目ともなりました。

オリンピックとパラリンピックの関係は、それぞれ独自に開催されていた黎明期から、オリンピック開催都市の会場を使用してパラリンピックを実施する時代へと移っていきました。それが、シドニー大会ではこれまで別々だった大会を開催する組織委員会が一本化されたのです。この前進はパラリンピックが競技スポーツとしての水準を向上させ、参加規模が世界各国に拡大して、立派な競技大会になってきたことを意味しました。

シドニーオリンピックではこの一体化の流れを象徴するようなことがありました。

メイン会場のスタジアム・オーストラリアで実施された陸上競技のプログラムのなかで、正式競技ではなく「公開競技」の扱いでしたが、初めて車いす800mレースが実施されたのです。21世紀のスポーツの発展方向を示唆《しさ》するプログラムでした。その時、パラリンピアンは「オリンピアン」となったのでした。

この歴史を刻んだレースの女子種目に日本から土田和歌子選手が出場し、みごとに銀メダルを獲得しています。

土田選手はもともとは冬季パラリンピックで活躍していました。高校2年の時に交通事故に遭って車いすの生活に入りますが、1993年に長野でアイススレッジスケートの講習会に参加したのがきっかけで、日本で最初にアイススレッジスピードスケート※を始めます。

※**アイススレッジスピードレース**（英語：Ice sledge racing）氷上においてそり（スレッジ）に乗っておこなわれる、障害者スポーツであり、座位でおこなうスピードスケート競技。下肢などに機能障害のある選手のみを対象としている。スレッジとは、馬などに引かせる荷物運搬用のそりのこと。長野冬季大会を最後に正式競技からはずれ、現在はアイススレッジホッケーが実施されている。

障害にめげず、自分でも「勝ち好き」な性格という土田さんは、めきめきと競技の水準を上げていきます。1998年の長野パラリンピックに出場し、アイススレッジの1500mで自身の世界新記録を更新し金メダルを獲得したほか、1000mでも金メダル、100m、500mでは銀メダルという好成績を残しました。

一方で、夏は車いすの長距離・マラソンの陸上競技に打ち込みます。さきのシドニーパラリンピックではマラソンで銅メダルを獲得しています。翌年2001年の大分国際車いすマラソンでは世界最高記録を樹立、2004年アテネパラリンピックでは5000mで金メダル、フルマラソンで銀メダルに輝き、日本選手初の夏・冬パラリンピックでの〝ダブル金メダリスト〟となりました。

その後の土田選手の活躍にはめざましいものがあります。アイスレッジスケートが冬季大会の実施種目からなくなったこともあって、もっぱら車いす陸上長距離に力を集中していきます。とくにボストンマラソンの車いす女子の部では2007年から2011年まで5連覇を遂げて、〝世界のツチダ〟の名をとどろかせました。

しかし、「好事魔多し」ということでしょうか、マラソンで金メダルを狙った北京パラリンピックは、思わぬアクシデントにみまわれて悔しい思いをします。

連覇のかかった5000mに出場した土田選手は、ゴールまで残り500mを過ぎたあたりで、前を走っていた選手たちのクラッシュ（衝突）に巻き込まれ、ろっ骨などを骨折してしまったのです。そのために、マラソンはスタートラインに立つことすらできませんでした。

じつは…、このアクシデントのレースを、偶然にも私は現地で目の当たりにしていたのです。北京パラリンピックの観戦に出かけた私は、巨大な「鳥の巣」と呼ばれる北京国家体育場（オリンピックスタジアム）に入って、車いすのレースを追っていました。

驚いたのはレーシングカーなみの車いす（レーサー）の速さでした。流れるように風を切って走る光景はスピード感にあふれ、「なんてすごい世界なのだろうか！」と目を見張り、感嘆していました。しかもマシーン（車いす）は軽量化され、風の抵抗を最小限に抑える工学の粋が施されていて、美しく、格好が良いのです。

ところが、終盤にかかってトップ争いがし烈になり、土田選手も負けじとギアチェンジをして集団から脱け出そうとした瞬間でした。数台の車が接触し、横倒しになり、数人の選手が投げ出され、すぐに担架が呼ばれました。そのなかに土田選手が巻き込まれていたのです。

衝突の模様はまさに交通事故の悲惨な情景そのものでした。衝撃をおぼえた私は、「障害者がスポーツでふたたび障害者になる」という怖れと疑問を抱いたのでした。

ケガから復帰した土田選手は次の４年後のロンドン大会をめざします。直前のソウル国際車いすマラソン（２０１１年）で優勝してのぞんだパラリンピックでしたが、結果はメダルに届かず５０００ｍは6位、マラソンは5位という成績でした。この４年間で、マシーンの技術開発やトレーニング法の発達によって世界の水準が急速にレベルアップしていました。

この結果に悔し涙を飲みこみながら土田選手はインタビューに応えています。

〈パラリンピックの舞台に、大ケガを克服して戻ってこられて幸せです。まずはゴールできたことに感謝します。〉

土田さんを支えているのは、自分自身の「勝ち好きな性格」とともに「家族」が原動力だと言います。2005年に結婚、夫となった人は土田さんのコーチであり、トレーナーであり、マネージャーでした。そして、翌年に長男を出産します。家族が増えることで「理解者が増える」ととらえる土田さん。あるインタビューでこんなことを語っています。


‥結婚して家族が増えるということは、それ以上に関わる人もどんどん増える。そのなかで、どうすれば同じ目標が持てるのかということでの難しさがいくつもありました。私は、**自分のなかに設定した目標を、常に周りの人に共有してもらうようにコミュニケーションを図ろうと思いました。**こういうことがやりたい。そのためにはこういう手助けが必要。で、こういうことをしてもらいたい。ということをいつも意識して、怠らずにやってこれたので、皆とひとつになれたのかなと。そのことが大きな軸になったのかなと。そう感じています。

ヘルメットが良く似合い、笑顔のあふれる土田さんです。いまも車いすで走り続け、自分の「極めた感」というものを得るためにレースに挑んでいます。彼女の頑張りには、日本の女子の障害選手を励ましていきたいとの自覚も大きいと言います。

〈女子の障害者競技は、日本は選手人口が少なく、若い後輩たちが少しずつは育ってきているのですが、世界レベルには到達できていないのが実情です。少しでも押し上げていきたいですね。自分自身が記録にこだわってやっていく過程のなかで、ともに世界の舞台を目指せる選手が１人でも多く増えるように活動したいです。〉

障害者として、社会人として、家庭を持つ母親として、自らを極める選手として活躍する土田さんの姿は、どれだけ多くの人びとを前向きにさせてくれているでしょうか。土田さんは人としての生き方を伝えるメッセンジャーのように思えます。

◇土田和歌子選手の夏・冬パラリンピックでの獲得メダル◇

冬季	長野大会	1998年	アイスレッジ	金＝1000m、1500m
			アイスレッジ	銀＝100m、500m
夏季	シドニー大会	2000年	マラソン	銅
	アテネ大会	2004年	5000m	金
			マラソン	銀

◆「俺は最高だ！」と叫びながら――国枝慎吾選手（車いすテニス）

車いすテニスに国枝慎吾という〝スーパースター〟のプレーヤーがいます。国際ランキング1位を占め、とにかく強いのです。まず、その主な成績だけでも見てください。

○全豪選手権をシングルスで2007年～2011年、2013～2014年に優勝。ダブルスで2006年～2011年、2013年～2014年に優勝。

○全仏選手権をシングルスで2007年～2010年、2014年に優勝。ダブルスを2008年、2010年～2013年に優勝。

○全米選手権をシングルスで２００９年〜２０１１年に優勝。
○全英選手権をダブルスで２０１３年〜２０１４年に優勝。
○パラリンピックのダブルスでアテネ大会（２００４年）、ロンドン大会（２０１２年）に優勝、北京大会（２００８年）に3位、シングルスでアテネ大会に優勝。

２００６年10月には初の世界ランキング1位となり、翌年の２００７年シーズンでは、史上初となる車いすテニス男子シングルスのグランドスラム（四大大会制覇＝全豪オープン、全仏オープン、全英オープン、全米オープン）を達成します。２０１０年9月には、なんと車椅子テニス初のシングルス１００連勝を成し遂げています。

車いすテニス界にすい星のように現れた国枝選手。スター・ダムにのし上がるまで、どんな経過をたどったのでしょうか。

野球少年だった国枝選手は、9歳の時に脊髄に腫瘍《しゅよう》が見つかって手術、車いすでの生活が始まります。しかし、スポーツ少年はそれにくじけないで、車いすに乗って仲間たちとバスケットボールを楽しみ、車いすの操作を磨きます。

続いて、自宅近くにテニスセンターがあったのが縁で、母親のすすめもあって11歳からセンターに出かけて車いすテニスを始めます。どんどん実力が向上していったのも、「バスケットボールで磨いた自由自在な車いすの操り方が、テニスコートを走りまわる力になった」と語ります。

国枝選手は高校一年のときにオランダを訪れ、車いすテニスで生計を立てているプレーヤーがいることを知ります。「いつかは自分もそうなりたい」との思いを抱き、それが目標となっていちだんと練習に励むようになりました。そして、17歳で国際ツアーに参戦していきます。

ところで、車椅子テニスというのはどんなルールでやっているのでしょうか。

簡単に言えば、2バウンドでの返球が認められている以外、ルールは公式のテニスと変わりません。ですから、よく健常者のプレーヤーとシングルスやダブルスのエキジビション・マッチがおこなわれ、障害の壁を取り払うスポーツとしても注目されています。

カギとなるのは、テニスの技術ばかりではなく、車いすを素早く正確にコントロールするチェアワーク（車いすによるフットワーク）です。それをマスターしているから国枝選手は強いのです。

1980年代に障害者のスポーツとして欧米諸国で始まり、1988年7月に国際車いすテニス連盟が創設されます。全豪オープンなど〈グランドスラム〉といわれるビッグ大会に組み込まれるようになり、パラリンピックに採用されたのはソウル大会（1988年）で公開競技として実施され、次のバルセロナ大会（1992年）から正式競技となりました。

車いすを自在に操り、しかも健常者ともプレーができるということで、欧米では人気の競技となり、ツアーでの賞金を稼ぐプロ選手も生まれています。国枝選手も2009年に「プロ宣言」をして自立します。ラケットなどのスポーツ用品やウエアの提供を受ける企業と契約を結びました。目指していたプロに日本人選手として初めてなったのです。

プロ宣言の記者会見で国枝選手は次のように抱負と決意を語っていました。

○…北京での金メダル以来、テレビで大きく取り上げられるようになり、車いすテニスがスポーツとして多くの人の目に触れるようになったことで、車いすテニスや障がい者スポーツの普及と発展のため、プロ転向を決意した。

○…**人間の可能性は、全力でやってみなければわからない。「車いすでもここまでできる！」ということを示し、**障がいを持った子どもたちに（国枝選手のように）車いすテニスプレーヤーになってパラリンピックの代表選手として大観衆の前でプレーしたいと思うようになってもらうことをプロ選手としての目標としたい。

国枝選手を精神的に支えたのが、オーストラリアのメンタルトレーニングのコーチから教わった「俺は最高だ！と叫べ」という言葉だと言います。コーチの助言に従って毎試合ごとに「俺は最高だ！」と声を張り上げてのぞんだそうです。

それが国枝選手の快進撃に結びついたのでしょう。国際テニス連盟が毎年選定する「世界チャンピオン」の男子車いす部門を2007年から4年連続受賞します。また、2010年3月には、ローレウス世界スポーツ賞の年間最優秀障害者選手に選出されました。

国枝選手があるインタビューで、「自分をどう見ているか？」ということで1番から10番までの「自己評価シート」に回答したものがあります。国枝選手のプレーヤー像がのぞけるので紹介しておきましょう。

〈1位＝運　2位＝決断力　3位＝行動力　4位＝集中力　5位＝体力　6位＝分析力・洞察力　7位＝協調性　8位＝持続力・忍耐力　9位＝独創性・ひらめき　10位＝語学力〉

「運」が1位と言うのが意外です。しかし、世界の頂点を極める壮絶なゲームを乗り切るには、実力以上のものを持っているかどうかは大きいのでしょう。よく、勝利を収めたり、決定的なポイントをあげた選手が「俺は持っている」と言いますが、それは「運を呼びこむ力」という意味でしょう。歴戦練磨の経験からの自己評価だと思います。

国枝選手がロンドンパラリンピックの観客を称えています。「観客が障害者の大会というのではなく、スポーツを見に来てくれて心から楽しんでいた」と言います。日本はまだまだ障害者にたいする区別意識があって「そこまで行っていない」と指摘し、「２０２０東京」も「こんな（ロンドンのような）スポーツを楽しむパラリンピックになってほしい」と希望を語っています。大事な提起ではないでしょうか。

第6章　結婚、出産後も現役アスリート

これまで多くの女性アスリートにとって結婚は選手生活からの引退を意味していました。ましてや出産して育児に追われる〝ママさん〟がトップ選手として活躍することは不可能に近い話でした。

そこには「女は家庭を守れ」という昔ながらの女性観がスポーツ界に入りこむとともに、「出産した母体は競技に向かない」とする科学的な根拠を持たない独特な競技観があったと言えるでしょう。そのために、結婚したり、出産したりした女性たちが競技を続けていく環境には立ち遅れたものがありました。

しかし……、この壁に勇敢に挑み、夫や家族の理解を得ながら、「結婚しても現役選手」、「ママさんでもアスリート」と言われる女性たちがチラホラと登場してきていることは力強いかぎりです。その先駆け的な女性アスリートの3人の姿を追ってみました。

◆帰ってきた「ライジング・サン」――クルム伊達公子さん（女子プロテニス）

あの「ライジング・サン」がプロテニスのツアーに戻ってくる――。クルム伊達公子さんが現役復帰を表明したのは2008年4月7日でした。37歳のプロ復帰宣言でした。

伊達さんが現役を引退したのは12年前、1996年の秋、26歳の若さでした。この年の伊達選手は前年に世界ランキング（WTA）4位にまで上った実力を見せつけ、目を見張るような活躍で世界を沸かせていました。まさに「ライジング・サン（日の出）」の勢いにあった時です。

○4月、東京・有明コロシアムで開かれた女子国別対抗戦・フェドカップの「ワールドグループ」1回戦でドイツと対戦し、女王シュテフィ・グラフとの試合を7―6、3―6、12―10で破る大金星を挙げる。

○7月4日～5日の2日間にわたり、ウィンブルドン準決勝でグラフと対戦。第1セットはグラフが6―3で先取したが、第2セットを伊達が6―2で取り返したときに試合が日没順延となる。翌日に持ち越された第3セットはグラフが6―3で取ったため、日本人選手初の4大大会決勝進出はならなかった。

○続く8月のアトランタオリンピック（1996年）でも女子シングルスのベスト8に進出し、アランチャ・サンチェス・ビカリオに惜敗する。

○8月25日、アメリカ・サンディエゴで開かれた「トーシバ・クラシック」決勝戦では、そのサンチェスを3―6、6―3、6―0で破り、WTAツアー7勝目を挙げた。

小さな伊達選手がグラフやモニカ・セレシュ（セルビア）などパワーと強打の欧米選手を向こうに回して打ち勝つ姿に拍手喝采が送られました。彼女の強さの秘密は「ライジング・ショット」と呼ばれる高度な技にありました。

「ライジング・ショット」は、相手の打ったボールが自分のコートでバウンドした直後の上がりっぱなを打ち返す、アグレッシブな技術です。つまり、動作をコンパクトにして高い打点で打ち返し、動作も振りも大きい外国選手を翻《ほん》ろうする、という考え抜かれた打法です。

そんな絶頂期にあった伊達選手の突然の引退は信じられないことでした。「なにがあったのか？」、「さては結婚か⁉」との憶測が飛びました。その真相を自著『ラストゲーム』の末尾、「『決意』　わたしがやめるほんとの理由」で明かしています。

ひとつは「25歳を区切り」としたことです。伊達選手は「プロになる前から、25歳までプレーをして、すてきな人と巡り合って引退して結婚をして、そして幸せなお母さんになるのが私の人生計画でした。」と記しています。

それで、「25歳を目前にして、遅かれ早かれあと2～3年でやめるのだということを再認識したわたしは、そのころから、自分がどれくらいの結果を残せたら満足できるのか、それを探しながら（プロテニス）ツアーを回るようになりました」。この探究の結果が、WTAツアーのトップ10という好成績に結びついたのでした。

しかし、引退の真相はそのWTAツアーのやり方そのものにあったと告発しています。それまでのランキングシステムは出場大会数（最低14大会以上）で割ったアベレージポイントで算出されていたのが、突然、来年（1997年）からは大会数には関係なくポイントの総数で順位を決めることに変更されたのです。この方法だと、大会に出れば出るほどポイントが増え、ランキングが上ることになります。

伊達選手はトップ10《テン》会議の席でこの変更に、次の理由で強く反対します。

○WTAトーナメントの多いアメリカやヨーロッパの選手は移動に有利であること。
○体力のある選手はどんどん大会に出てポイントを増やすことができる。
○この点、WTAトーナメントの少ないアジアの選手には不利となる。
○特に私のように体力のない日本人プレーヤーは断然不利になる。

〈わたしがトップ10選手と対等に戦うためには体調もテニスの調子も、精神状態も周囲の環境も、何から何まで常に100％に近い状態を保っていなければならないのです。

……これ以上、やればやるほど自分の体を痛めることになることは、わたし自身がいちばんよく知っています。〉(『ラストゲーム』)

算出方法の変更の背景には、トップ選手のトーナメント出場回数を増やすことによって、観客動員、スポンサー収入やテレビ放映権料をアップできるとのＷＴＡの打算があったようです。プレーヤーを商品のように消耗品として扱うやり方に伊達選手は抗議したのですが、意見は取り入れられませんでした。

そこで、ポイントを稼ぐために14試合以上も出場するのは無理だ、と伊達選手は決断したのでした。花も実もあるときの引退ですが、「**私は身を崩してまでポイント稼ぎのためにテニスをやっているのではない**」との痛切な意志がひしひしと伝わってきます。

ラケットを置いた伊達さんは、「自分は解説者にも指導者にもむいていないから」とテニス界の第一線にはあまり出ないようにし、〝自分探し〟のためにヨーロッパに遊学して時を過ごします。２００１年12月に「すてきな人と巡り合って」、ドイツ人のレーシングドライバーであるミハエル・クルム氏と結婚してクルム伊達公子となります。

家庭に入った伊達さんです。時が経ち、「ライジング・サン」の愛称も人びとの記憶から消えかかり、「あの人は、いま…?」と芸能メディアの追跡の対象者にのぼりはじめたころでした。突如としてクルム伊達さんは復活を宣言したのですから、驚きです。

なんで12年もの空白を超えて、トップツアーへの復帰の名乗りをあげたのでしょうか。彼女にどんな心境の変化があったのでしょうか。この間、世界の女子テニス界はさらにパワー・アップし、伊達なきあとの日本選手は置き去りにされてきたというのに…。「少し無謀《むぼう》ではないのか？」というのが私の率直な受けとめ方でした。

ところが、若い日本選手の苦戦ぶりがかえってクルム伊達の闘志に火をつけたのです。「復帰は若い選手へ刺激を与えるため」と語ります。それを有言実行するかのように、さっそく4月下旬の「カンガルーカップ国際女子オープン」に出場し、シングルスで準優勝、ダブルスで優勝を果たし、健在ぶりをみせます。

「復帰宣言」は決して無謀ではなかったのです。彼女は十分なトレーニングを積み、プレー技術を磨いて復帰にむけて万全の準備をして満を持していたのです。「復帰」が売名行為でも一時的な気まぐれでもない証拠には、その後のアスリートとしての生き方からもうかがえます。

復帰翌年の２００９年には、いよいよ全豪・全米・全仏・全英の４大大会（グランドスラム）に13年ぶりの再挑戦を始めます。しかし、いずれも本戦の初戦で敗退、予想通りの厚い壁にむげもなく弾かれてしまいます。若いシード選手たちのパワーとスピードが持ち前のライジング打法を寄せつけません。

そんななか、出場したハンソル韓国オープンでは1回戦で復帰後ツアー初勝利を挙げると勢いに乗り、粘り強いプレーで勝ち抜き、決勝ではストレートで下す圧勝ぶりを見せて優勝します。13年ぶり8度目のWTAツアーシングルス制覇、38歳11カ月での達成は歴代2位の年長記録となりました（最年長記録はビリー・ジーン・キング＝アメリカの39歳7カ月）。

40歳を超えてもクルム伊達選手の挑戦は続いています。2011年のウィンブルドン選手権（全英）の2回戦で、ビーナス・ウィリアムスとのゲームをセンターコートでたたかい、2時間56分の熱戦を演じて7―6、3―6、6―8で惜敗、帰ってきた「ライジング・サン」の大健闘に大きな拍手が寄せられました。

2013年の全豪オープンではシングルスとダブルスともに3回戦進出を果たしています。全豪オープンの翌週に行われたPTTパタヤ・オープン、4月のモンテレイ・オープン、5月のストラスブール国際とダブルスツアー決勝3連勝というみごとな成績を残しました。

またこの年のウィンブルドン選手権では3回戦まで進出、42歳での進出は同大会史上最年長を記録しました。

挑み続けるクルム伊達選手。２０１４年のウィンブルドン選手権での敗退後、「不完全燃焼のところもある」と振りかえっています。彼女の闘志はまだまだ衰えを見せません。この年の全米オープンのダブルスではベスト8まで進出しています。結婚し、家庭を持ってもトッププレーヤーとしてコートに立つ――、「結婚はゴールではない」との伊達選手の姿に強い意志を感じます。

「復帰宣言」で表明した思いも、伊達さんのプレースタイルに学びながら、いま、日本でも若い有望な女子プレーヤーが育ってきていることで、少しずつ拓けてきていると言えるでしょう。「背中を追え」と語って牽引しているのです。

◇伊達さんの主なテニス大会での成績◇

伊達公子時代	
１９９１年	全日本選手権優勝
１９９２年	ジャパンオープン優勝／全日本選手権優勝
１９９３年	ジャパンオープン優勝／全米オープンベスト4

クルム伊達公子時代	
２００８年	全日本選手権優勝
２００９年	全豪オープン1回戦
２０１０年	全仏オープン2回戦

1994年	ジャパンオープン優勝／全豪オープンベスト4／全米オープンベスト4	2011年	全英オープン2回戦
1995年	全仏オープンベスト4	2013年	全豪オープン3回戦／全英オープン3回戦
1996年	全英オープンベスト4／ジャパンオープン優勝	2014年	全英オープン1回戦

◆アットホームなママさんランナー

――赤羽有紀子さん（陸上競技女子長距離）

〝ママさんランナー〟と言えば赤羽有紀子さんでしょう。2014年1月の大阪国際女子マラソンを最後に第一線から退きましたが、夫をコーチに、娘さんを抱いて走り続けた赤羽さんの姿はさわやかでした。

中学一年生から長距離走を始めた赤羽選手は、大学時代にめきめき力をつけ、2001年の北京ユニバーシアードでは10000mに出場して銅メダルを獲得します。大学卒業後は実業団の「ホクレン」で駅伝ランナーとして活躍します。

2005年に、大学時代の同級生で元陸上選手だった浅利周平さんと結婚します。結婚を機に引退するつもりだったそうですが、夫の周平さんが「ホクレン」のコーチを務めることになって、競技生活の継続を決めました。

夫との二人三脚の競技生活のなかで、赤羽選手は持ち前のキック力を活かしたスピードで記録を伸ばし、渋井陽子や福士加代子らとともに女子長距離界のトップランナーとして活躍します。

翌2006年8月には女児優苗ちゃんを出産します。赤羽選手は大きなお腹を抱えて出産二日前まで走っていたそうです。これまでの多くの女性アスリートは出産とともに現役を退くのですが、赤羽選手は夫周平さんに相談し、コーチとしての助言も受けて〝ママさんランナー〟として走り続けることを決意します。

妻を支える夫の子育てへの協力がなければ踏みきれなかったはずです。周平さんは食事も作り、練習では乳飲み子を横に乗せて車で赤羽選手を伴奏、いっしょに練習メニューをこなす毎日です。

それからの赤羽選手の活躍は〝母〟としての自覚もあったのでしょう、いちだんと充実して、記録も伸びていき、実力を見せつけます。「娘にオリンピックで走っている姿を見せたい」との思いが強かったと、当時を振り返っています。「その決意は普通じゃなかったですね」と周平さんも驚いていました。

２００７年の国際千葉駅伝で日本代表に選出され、アンカーを任されます。先行するケニアのキャサリン・ヌデレバ（アテネオリンピック女子マラソン銀メダリスト、前女子マラソン世界記録保持者）に追いすがり、みごとに逆転して日本チームを優勝に導きました。その快走ぶりをテレビで解説していた増田明美さんが、こう語っています。

〈日本では、弘山晴美さんや土佐礼子さんなどを筆頭に、ミセスランナーとしてベテランになっても第一線で活躍した女子選手は多数いのですが、出産経験後にトップ選手として復帰した例はありませんでした。〉

翌２００８年3月の全日本実業団ハーフマラソン（山口県）では、1時間08分11秒の大会新記録で優勝。それまでの大会記録、２００４年アテネ五輪女子マラソン金メダリストの野口みずきが作った1時間08分29秒を更新します。

母の快走ぶりを見て、2歳のまな娘、優苗ちゃんは「ママ、ファイト！」と声を掛け、母の走りを「悪くなかった」と言って周囲をなごませたそうです。晴れ晴れとして愛娘を抱く赤羽選手。母娘ならではの微笑ましい光景です。

５０００ｍ、１００００ｍの国内予選での好成績が評価され、日本陸上競技界で史上初の〝ママさんランナー〟として北京オリンピック（２００８年）の代表選手に選ばれました。この時は残念ながらレース直前に発熱するアクシデントにみまわれて精彩を欠き、成績は振るいませんでした。

オリンピックの後、ママさんランナーは新しい目標に挑戦します。マラソンへの進出です。これまで培ってきたスピードに、上下動が少なく流れるようなフォームがマラソンに適《かな》っているとみたのです。新境地を拓こう――持ち前の静かな闘魂が燃えさかります。しかし、マラソンの道にはきびしいものがありました。

◯２００９年８月の世界陸上ベルリン大会の女子マラソン代表となるも、本番直前に右足裏を痛め、レース中には脱水症状を起こして、完走はしたものの日本代表４選手中の最下位で31位に沈む。

◯２０１０年の大阪国際女子マラソンでは、直前に左膝を痛めながらも強行出場。しかし、30ｋｍ過ぎて足がつってしまい、ゴールを目前にした39ｋｍ手前で夫の周平コーチに止められ、無念の途中棄権となる。

◯２０１０年４月のロンドンマラソンは、33ｋｍ付近まではハイペースの先頭集団についていたが、左足に水膨れと爪が剥がれるハプニングがあって脱落。だが、粘り強く走り続けて自己ベストとなる２時間24分台をマーク。

それでも赤羽選手は走り続けます。そばにはストップウォッチを持って見守る夫でコーチの周平さんがつねに励ましの言葉を掛け、家には疲れを癒してくれる幼児《おさなご》が笑顔で迎えてくれます。それはママさんランナーでなければ味わうことのできない世界であり、強みでした。

2011年1月、5度目のレースとなった大阪国際女子マラソンに出場します。終始先頭集団につけた赤羽は、34km付近から伊藤舞とトップ争いを演じます。実況テレビは途中の沿道でラップタイムを大声で知らせる周平さんの姿を映し出していました。「自分は一人ではない……」と励まされたそうです。

マラソンでは35km付近から真の実力が試されると言います。赤羽選手もこれまでこの厚い壁に阻まれ、さんざん苦労していました。その壁を乗り越えることができたのも、他人には見えない〝家族の絆〟だったと言えるでしょう。赤羽選手は終盤の39km過ぎに満を持したスパートを掛けて引き離し、そのまま長居スタジアムへトップで入ってゴールを駆け抜けました。会心のレース、念願の初優勝でした。

ゴールには夫に抱かれた優苗ちゃんが母の帰りを待っていました。愛娘を抱えあげた赤羽選手はランナーのきびしい顔から慈愛にあふれた母の顔に戻っていました。なんと微笑ましく、なんと和《なご》やかな光景でしょうか！テレビ画面を見ていて目頭が熱くなりました。「スポーツがアットホームになった」というのが私の感慨でした。

初優勝をバネにして、赤羽選手はマラソンの高みに向かって挑戦を続けます。この年の4月のロンドンマラソンでは日本選手トップの6位、8月の大邱（韓国）での世界陸上では5位に入賞し、世界に通用する実力を発揮します。

しかし、２０１２年のロンドンオリンピックの予選を兼ねた名古屋ウィメンズマラソン（12年3月）では8位の低調な成績に終わり、オリンピック出場の切符をつかめませんでした。残念ながら「マラソンでもオリンピックを」との目標はかないませんでした。それから2年後に、赤羽選手は一線を退くことを決断します。

引退レースとなった２０１４年1月の大阪国際女子マラソンでは、終盤までタチアナ・ガメラシュミルコ（ウクライナ）と先頭争いを演じて2位に入り、有終の美を飾りました。ゴールには夫でコーチである周平さんと愛する娘さんが駆けつけてくれました。レース後の記者会見で赤羽さんは、競技人生を振り返ってこう語りました。

〈楽しく充実した選手生活を過ごせました。達成感のようなものがあります。これも家族の理解と協力のお陰でやれたことですから、深く感謝しています。**娘がいたからこそ走**

り続けることができました。これからは家族を大切にするとともに、多くの人たちに走る楽しさを伝えたいていきたいと思います。〉

ママさんランナーとしてオリンピックに出場することはできませんでしたが、赤羽さんは自らの競技人生に「達成感」を感じたといいます。その達成感は、家族に支えられた幾重にも層の深いものであったに違いありません。

赤羽さんが自らの体験を伝えることによって、きっと第二、第三の〝ママさんランナー〟が活躍する時代がやってくることでしょう。そうなってほしいと思います。

◆「終わりなき挑戦」をテーマに――岡崎朋美さん（女子スピードスケート）

岡崎朋美さんも、結婚、出産後もスピードスケートの選手を続けてきた女性です。

多くの人の記憶にまずあるのは、1998年の長野冬季オリンピックで500mに快走した岡崎選手の姿でしょう。前回のリレハンメル大会（1994年、ノルウェー）でデビューして、実力ナンバー・ワンに成長した岡崎選手に期待の一心が集まりました。

決勝レースの組合せは島崎京子選手。2人は同い年、ライバル同士の対決となりました。

万余の観衆をのんだ会場、エムウエーブは嵐のような歓声に沸き立ちました。「どちらが勝ってもメダル獲得は確実！」と場内アナウンスが煽《あお》りたてます。

スタートから100mはインコースの島崎が先行、バックストレッチで無理なくインに入りこんだ岡崎が、腕を大きく振ってスケートに乗って追いすがります。カーブワークを上手くとった岡崎が一歩リードして、最後の直線に加速をつけてそのままゴール。タイムは38秒55。みごとな日本新記録でした。

最終組の滑走が終わった瞬間に、岡崎選手の銅メダルが確定しました。女子500mではオリンピック初のメダリスト誕生です。彼女は小さくガッツポーズをつくると、観衆の声援に応えるためにリンクを笑顔に満ちてゆっくりと周回しました。〝ヴィクトリー・ラン〟です。彼女の笑みが〝朋美スマイル〟と評判を呼びました。

長野大会が26歳。強じんな筋力と心肺能力が求められるスピードスケートの短距離走です。年齢的にピークを迎え、最後のレースと見られていました。ところが、岡崎選手は「まだ、頂上に登りつめていない」と4年後のソルトレーク大会（アメリカ）を目指す決意をします。

しかし、ソルトレーク大会（2002年）は500m（1本目は37秒77の日本新記録）6位と不本意な成績に終わりました。それでも岡崎選手はさらにその先の4年後にむけて

「終わりなき挑戦」だと決意を新たにします。

34歳で出場したトリノ大会（2006年、イタリア）で日本選手団の主将を務めた岡崎選手は、500mの滑りで卓越した集中力をみせます。風邪による体調不良のハンディを背負っていたと聞きますが、1本目、2本目とも38秒46でまとめて、4位入賞を果たしたのです。メダルには0・05秒差、〝あと一歩〟の悔しさはありましたが、滑り終えた彼女の表情は充実感に満ちていました。

転機がやってきたのが結婚でした。翌年の11月に元アスリートの安武宏倫氏と結婚したのです。多くの人がこれで〝朋美スマイル〟が見られなくなるのか…と思いました。ところが、妻となった岡崎選手は前向きでした。仕事と家庭と選手の三つの役目をこなしながらオリンピックへのあくなき挑戦が続きます。一年後の2009年12月にエムウエーブで行なわれたバンクーバー冬季五輪代表選考会で総合2位となるという健在ぶりを発揮しました。

冬季オリンピックの日本女子選手で最年長、最多5大会連続出場となったバンクーバー大会（2010年、カナダ）。この時、38歳、開会式では日本選手団の旗手を務めて、先頭に立って堂々と行進しました。その姿を見ていると、競技者としてのたくましい生命力と挑戦心の強さをひしひしと感じたものです。

そんな岡崎選手ですが、成績は５００m16位、１０００m34位と、自身のオリンピック５回の成績ではワーストに沈みました。この大会の５００mでは、吉井小百合が5位となり、岡崎は日本人選手の滑走者の最下位で、「オリンピックに強い岡崎」に陰りが見えたのでした。〝世代交代〟はベテラン選手が味わう宿命でもありました。

大会を終えたこの年の8月に、岡崎選手は妊娠していることを発表し、競技を中断、12月に第一子となる長女を出産します。母親になったのです。いよいよ「現役引退か？」とささやかれますが、産休を終えた岡崎さんがリンクに姿を見せて、周囲をアッと驚かせます。競技活動を再開したのです。「岡崎、復帰！」のニュースは、人びとに〝カツ〟を入れてくれた朗報でした。

それからの岡崎さんは、仕事、選手、家庭、母親の四役をこなしていきます。仕事でも重責を担うようになっていましたから、それはそれは大変な苦労だったでしょう。合宿や試合のたびに子どもを母や義母に預けて面倒を見てもらったそうです。周りのバックアップを受けて、ママさん選手としてソチ大会（２０１２年、ロシア）をめざします。

頑張り屋のお母さん選手。しかし、２０１３年12月、若い時代に栄光の記録を刻んだリンク、エムウエーブでのソチ大会代表選考会に出場した岡崎選手の500mの結果は6位、ついにオリンピック連続出場の道は途絶えてしまいました。競技を終えた彼女はその場で、「やることはやり終えた」と晴れ晴れとした表情で現役引退を表明しました。41歳でした。

引退を表明した岡崎さんを、同い年でライバルでもあり、家庭を持つ島崎京子さんは、「世界で戦うには、実力と意識の高さの両方が必要。岡崎さんはずっとそれを持ち続けていた」と称賛しました。そして、こう付け加えて、岡崎さんを支えた人びとの労をねぎらっています。

〈やはり結婚して家庭を持つと、自分のやりたいことを貫くことは大変です。必ず何かを犠牲にしなければいけないし、家族に対する責任もあります。**彼女を理解してくれたご主人もすごいと思います。**〉

また、後輩で2児の母親になっていた三宮恵利子さん（ソルトレーク大会の500m11位、1000m17位）は先輩の引退レースをテレビ解説者として見ていて、「岡崎さんの精神力は並大抵じゃない」と、次のように語っています。

〈出産して子育ての大変さも分っている私からすれば、アスリートであり続ける（岡崎さんの）精神力は並大抵のものではないと思います。今回のソチオリンピックの選考レー

スでは、今までと違って、オリンピックを取りに行くんだという気合が感じられました。〉
岡崎さんの挑戦と奮戦は、スポーツをより人間らしく両性のいとなみに近づけてくれたように思います。女性だけが結婚、出産を境にして競技生活から退くことを余儀なくされるのは、社会的な制約という不条理の壁であると同時に、スポーツそれ自身の未成熟さによるものではないでしょうか。時代を先に動かした岡崎さんは、スケートでの輝かしい実績とともに記憶されるアスリートの一人と言えるでしょう。

◇岡崎朋美選手の主なスピードスケートの成績◇

1994年2月	リレハンメルオリンピック	500m14位
1996年	世界距離別選手権（ハーマル）	500m3位
1998年2月	長野オリンピック	500m3位、1000m7位
1998年	世界距離別選手権（カルガリー）	500m3位
1999年	世界距離別選手権（ヘーレンフェーン）	500m3位
2002年2月	ソルトレイクシティオリンピック	500m6位
2005年1月		500mで通算7度目の日本記録更新
2006年2月	トリノオリンピック	500m4位、1000m16位

2006年12月	全日本スプリント選手権	3度目の総合優勝
2010年2月	バンクーバーオリンピック	500m16位、1000m34位

第7章　社会正義をつらぬくアスリート

アスリートには、自らの存在を掛けてたたかわなければならない課題がいくつかあります。それらはドーピング（禁止薬物使用）であり、セクシャル・パワーハラスメントであり、暴力・体罰であり、八百長などの不正行為です。

それを黙認し放置するならば、スポーツの文化性がむしばまれ、倫理的な香りがひからび、人間の尊厳という大前提までが朽ち果ててしまうことになります。だが、それとのたたかいには信念と勇気、社会的な連帯が求められます。

これまでは泣き寝入り、逃避、そして自己否定を余儀なくされてきたわが国のアスリートたちでした。この悪循環を断ち切るために敢然と立ち上った意志強いアスリートたちが出てきていることは心強いかぎりです。では、その〝意志のアスリート〟を紹介しましょう。

◆「真実の闘い」に挑み続ける——室伏広治選手（男子ハンマー投げ）

男子ハンマー投げの室伏広治選手の活躍の足跡は栄光に満ちています。しかし、その栄光への道程の一面はドーピング（禁止薬物使用）とのたたかいの記録だとも言えるでしょう。

室伏選手は父で〝アジアの鉄人〟と呼ばれた重信氏を継いで、高校時代からハンマー投げに専心し、いまなお世界の第一線で活躍するトップ選手です。１９９８年年には父の保持していた日本記録を更新、国内では20年連続で選手権を保持し獲得し続け、オリンピック、世界選手権での成績もみごとなものです（表を参照）。いまでは、父を超えて〝世界の鉄人〟と呼ばれています。

ハンマー投げに打ち込む室伏選手の真摯な姿はアスリートの鏡とも言われています。外国選手に比べて小さい体躯をいかに補い、どの筋力をつけるのか、どの角度がハンマーを投げるのに適しているのか…など、あくなき探究心は絶えることをしりません。

その室伏選手が向き合うことを余儀なくされたのが、ドーピングとのたたかいでした。

競技で運動能力を向上させるために、自らのトレーニングではなくて薬物を使用したり、物理的な方法を採り、それらを隠ぺいする行為は「ドーピング」と呼ばれて禁止されています。代表的な禁止薬物に筋力を強化するためのアナボリックステロイド（筋肉増強剤）があり、筋肉内の酸素を増やす血液ドーピングなどがあります。

とりわけ筋力とパワーが求められるハンマー投げです。ハンマーを投げる瞬間には、

400キログラムを超える負荷がかかるそうです。それに持ちこたえるためには非常に強靭（きょうじん）な筋力が求められることから、ステロイド系のドーピングに手を染める選手が後を絶たず、スポーツのなかでも汚染度が高い競技になっています。

室伏選手がドーピング汚染の渦中に置かれ、その対応が注目されたのは2004年のアテネオリンピック※でした。ちょうど私も、「オリンピックがアテネにふたたび帰ってくる」という歴史の節目を直接見ておこうとアテネにおもむき、オリンピック公園のなかにある陸上競技のスタジアムで観戦していました。

※アテネオリンピック　第1回オリンピックは1896年に古代オリンピア祭発祥のギリシャの首都、アテネで開催された。それから108年後の2004年、21世紀の最初のオリンピック・パラリンピックがアテネに戻ってきた。この軌跡を拙著『アテネからアテネへ――オリンピックの軌跡』（本の泉社）でまとめた。

この日の室伏は絶好調でした。ターンの回転は切れ味鋭く、唸るようなスピードに乗って投げ出されたハンマーは、日没の虚空に舞い上がり、弧を描きながら80mラインを超えていきます。ライバルはアドリアン・アヌシュ（ハンガリー）、前回のシドニー大会以降に急速に力をつけてきた選手です。

最終結果はアヌシュが83m19cmで1位、室伏はそれにわずか28cmおよばず82m91cmで2

位。日本の投てき史上で初のメダリストとなる堂々たる成績でした。表彰式の室伏選手が熱闘を繰りひろげたライバルを称えて握手を交わし、胸を張って銀メダルを受け取っている姿が誇らしく思えました。

ところが……、それから2日後の8月29日、事態は一変します。国際オリンピック委員会（IOC）の理事会が、優勝したアヌシュ選手にドーピング違反があったと判断して金メダルをはく奪、繰り上がって室伏選手に授与されることを発表したのです。この衝撃的なニュースをアテネの宿舎のテレビで視聴していた私は、歓びと怒りの混ざった複雑な感情に襲われました。

繰り上げ優勝を知らされた室伏選手のインタビューでの応答は〝王者然〟とした感動的なものでした。「金メダルを表彰台で直接受け取りたかったのが本音」と率直な気持ちを語ったあと、今回の不祥事に対してオリンピックのメダルの裏に刻まれた古代ギリシャの詩人、ピンダロスの詩を翻訳したペーパーを見せて、「金メダルよりも重要なものがある」と語気を強めたのでした。

〈真実の母オリンピアよ／あなたの子ども達が競技で勝利を勝ちえた時／永遠の栄養（黄金）をあたえよ／それを証明できるのは、真実の母オリンピア〉

詩を朗読した室伏選手は、「真実のなかで試合が行われることが、どれだけ大切かということ」とその意味を説き、虚偽の力によるドーピングとのたたかいに決意をこめました。繰り上げされた金メダルの授与式は、9月23日に開催された「スーパー陸上2004ヨコハマ」でおこなわれました。私はそこにも出かけて行って、オリーブの冠を戴き、金メダルを掛けられる室伏選手の晴れやかな姿を見とどけたのでした。

その後も室伏選手の「真実の闘い」が続きます。次の北京大会（2008年）もドーピングをめぐる騒動が起こりました。上位の2位、3位のベラルーシの選手のドーピング疑惑によって、室伏選手は一旦は3位に繰り上がりますが、後の処分取り消しにより一転二転して公式には5位入賞にとどまりました。ドーピング検査が出るまで「真の勝者」が分らないというのでは、フェアなスポーツの世界からはほど遠い話です。

醜態《しゅうたい》をさらけ出すスポーツの世界からの決別を――。IOCは決意を新たにして、アンチ・ドーピング機関※の充実をはかってチェックをきびしくします。その成果がロンドン大会（2012年）であらわれます。まず、世界最高記録保持者であったイワン・チホン（ベラルーシ）が大会前に実施された検体の再検査の結果、ドーピングが発覚したために欠場します。

※世界アンチ・ドーピング機関（WADA、World Anti-Doping Agency, Agence Mondiale Anti-dopage）反ドーピング（禁止薬物使用）活動を世界的規模で推進するために設立された独立した国際的機関。１９９９年に、国際オリンピック委員会（ＩＯＣ）の主催で行われた「スポーツにおけるドーピングに関する世界会議」において採択された「ローザンヌ宣言」に基づき、１９９９年11月にWADAが設立された。国内では、日本オリンピック委員会（ＪＯＣ）、日本体育協会（ＪＡＳＡ）、日本プロスポーツ協会（ＪＰＳＡ）を中心にして、２００１年（平成13年）に日本アンチ・ドーピング機構が創立された。

ドーピング・チェックをクリアしたクリーンな選手で競われたロンドン大会のハンマー投げ。クリスティアン・パルシュ（ハンガリー）が決勝３投目に80m59㎝を記録、同じく３投目に室伏も78m71㎝を刻み２番手につきます。しかし、５投目にプリモジュ・コズムス（スロベニア）が79m36㎝投げて、室伏を超えます。その結果、１位＝パルシュ、２位＝コズムス、３位＝室伏が確定しました。

戦い抜いた室伏選手は、「目標のメダルを取ることができてよかった。**メダルの色はともかく、やってきたことに満足感がある**」と語りました。「満足感」という言葉に彼の思いが込められています。ドーピング検査の結果を待つまでもなく、その成績はくつがえることも、メダルをはく奪されることもなく、真の実力で競い合った結果としてそのまま信用することができるのですから。

室伏選手が「やってきたこと」は、メダル以上に大事なもの、「真実の闘い」を取り戻ことでした。この思いが実った瞬間、室伏選手は〝真の勝利者〟となったと言えるでしょう。メダルの色はともかくも……。

スポーツが人間の価値ある文化として定着し発展していくには、不正のない人倫《じんりん》にかなった営みでなければなりません。ドーピングはその根本を破壊する〝悪魔の手〟の誘惑と言えるでしょう。そこへの誘惑はよほど注意しないと引きずり込まれるおそれがありま す。そのためにも、室伏選手のようにアスリート自らが自覚してアンチ・ドーピング運動に参加していくことです。それは、21世紀の社会とともに歩む「アスリート・モラル」となっていると思います。

◇室伏広治選手の世界での活躍の実績◇

年	大会	場所	結果	記録
2000年	IAAFグランプリファイナル	ドーハ（カタール）	2位	80m32
2001年	世界陸上競技選手権大会	エドモントン（カナダ）	2位	82m92
2002年	IAAFグランプリファイナル	パリ（フランス）	1位	81m14
2002年	IAAFワールドカップ	マドリード（スペイン）	2位	80m03

２００３年	世界陸上競技選手権	パリ（フランス）	3位	80m12
２００４年	オリンピック	アテネ（ギリシャ）	1位	82m91
２００６年	ワールドアスレチックファイナル	シュトゥットガルト（ドイツ）	1位	81m42
２００６年	IAAF ワールドカップ	アテネ（ギリシャ）	1位	82m01
２００７年	ワールドアスレチックファイナル	シュトゥットガルト（ドイツ）	3位	79m95
２００７年	世界陸上競技選手権	大阪市（日本）	6位	80m46
２００８年	オリンピック	北京（中国）	5位	80m71
２００８年	ワールドアスレチックファイナル	シュトゥットガルト（ドイツ）	3位	78m99
２０１１年	世界陸上競技選手権	大邱（韓国）	1位	81m24
２０１２年	オリンピック	ロンドン（イギリス）	3位	78m71
２０１３年	世界陸上競技選手権	モスクワ（ロシア）	6位	78m03

◆パワーハラスメントとの毅然とした闘争——溝口紀子さん（女子柔道家）

溝口紀子さんは、バルセロナオリンピック（１９９２年）の女子柔道52ｋｇ級で銀メダルを獲得している柔道家です。

溝口選手は中学時代に、〝女三四郎〟と呼ばれた山口香選手に憧れてクラスを同じ52ｋｇ級に変更します。１９８７年の全日本体重別選手権で両者は相まみえ、先輩・山口の送襟絞（おくりえりじめ）で一本負けします。

この敗北をきっかけに寝技の強化につとめ、磨きをかけたことで、〝まむしの溝口〟と異名をとるほどになります。翌年88年、高校２年生の時に講道館で開かれた全日本選抜柔道体重別選手権52ｋｇ級で、当時１０連覇中の山口を破って宿願をかなえます。

次のアトランタ大会（１９９６年）に出場し、この年に引退するまで溝口選手は女子柔道の第一線で活躍します。その一方で、学生時代から柔道の技の仕組みや稽古とトレーニングの科学的な理論研究に勤《いそ》しみます。埼玉大学を卒業後、同大学の大学院修士課程に進んで、いちだんと研さんしています。

さらに柔道の強化システムが整っているフランスに留学して、最新の稽古の方法を学ぶとともに国際的な視野を培います。フランスは日本と肩を並べる柔道の強豪国で、溝口さんはそこでの稽古のあり方に強烈な衝撃を受けたと言います。

〈男女の関係が対等に扱われ、女性だからと言って差別されることはない。柔道創設の嘉納治五郎師範の教え〝自他共栄〟が日本で消えかけていて、フランスで定着している。〉

フランスで国家認定の柔道コーチの資格を取った溝口さんは、２００２年～２００４年にはフランス柔道ナショナルチームコーチの一員となってアテネオリンピックにのぞんでいます。そこで習得した指導理論と体験が、のちに溝口さんの力となって発揮されることになります。

溝口さんの存在が山口香さんとともにふたたびクローズアップされるようになったのが、２０１３年1月に明るみになった女子柔道選手へのパワーハラスメント告白事件との関連でした。

オリンピック代表選手を含む１５名の国際試合強化選手が連名で、日本オリンピック委員会（ＪＯＣ）を通じて、全日本女子ナショナルチーム監督ら指導陣による暴力行為やパワーハラスメントを訴えたことが、１月29日にマスメディアを通じて発覚します。

告発されたパワーハラスメントの実態と中身はひどいものでした。

・稽古中、竹刀で背中や尻を叩いたり、頭部にゲンコツ、顔面に平手打ちを食らわせられた。

・さらに、髪の毛をわしづかみにしながら、「お前なんか柔道やってなかったら、ただのブタだ」、「死ね」などといった暴言も合わせて浴びせられた。

・怪我を抱えたオリンピック代表候補選手2名に対して、それを考慮することなく2011年11月の講道館杯に、「出ないなら代表に選ばない。負けてでも出ろ」と出場を強要した。1人は足をひきずりながら出場するも、途中で敗れてケガを悪化させた。

・もう1人は世界ランキング1位ということもあって、あえて治療を優先して出場を断ると、翌月のグランドスラム・東京の代表メンバーから外されただけでなく、年越し強化合宿のメンバーからも除外されるという制裁を受けることになった。

衝撃的な告発でした。柔道専門の屈強な男性コーチに殴られ、羽交《はがい》じめにされるのですから、たまったものではありません。これでは選手と監督・コーチとのコミュニケーションや信頼関係が取れるはずもありません。その結果が、ロンドンオリンピック（2012年）の不振の成績——金メダルは女子57kg級の松本薫1個で、男子はオリンピック競技に採用されてから初の金メダルゼロ——にあらわれたと言っても過言ではないでしょう。

それにしても「よくぞ！」と思える勇気ある行動に出たものです。15人は、機会をみては監督やコーチに直訴したそうですが、まったく取りあってくれなかったと言います。そこでやむにやまれずJOCに訴え出たのでした。

〈決死の思いで、未来の代表選手・強化選手や、未来の女子柔道のために立ち上がった。〉

彼女たちを後押ししたのが、先輩格の山口さんであり、溝口さんでした。二人が大きなバックボーンになったことも、勇気ある行動に踏みきれた要因でした。

かねてからフランスなどの外国の柔道界を見てきた溝口さんは、日本柔道界のあり方に疑問を抱いていました。事あるごとに、根強くある上意下達の人間関係、暴力的な指導の横行、女性蔑視の風潮など非民主的な体質をきびしく指摘、批判し、改革を求めてきました。これまでにも溝口さんのところへ〝駆け込み寺〟のように逃げてきた女子選手がいたそうです。

そのもとで起こった今回の事件です。溝口さんは率先して名前を明かせない15名の選手のスポークスマンとなって、テレビや新聞、さまざまな集いを通して、全日本柔道連盟（全柔連）の改革を訴えました。彼女の態度は、「いささかのあいまいさを許さない」といった毅然としたものであり、時には歯に衣《きぬ》を着せないきびしい口調で全柔連の体質を批判し続けました。

〈フランスは児童虐待などの暴力に対して、社会科学の思想がすごく進んでいるところなので選手とコーチは同権です。だからコーチが殴ったら、法の裁きを受けます。〉

世論が圧倒的に彼女たちの告発を支援したことで、文部科学省が動き出し、ＪＯＣは「緊急調査対策プロジェクト」を立ち上げて被害を訴えた選手への聞き取りの調査を開始するなど、事態は大きく進展します。その結果、ナショナルチーム監督と強化本部長が辞任、さらに全柔連の補助金不正使用問題も発覚して辞任を渋っていた会長も責任を取らされることになりました。

ナショナルチーム監督の辞任が決まった段階で、15人はあらためて「声明文」を発表し、代理人である弁護士によって公表されました。そこにはこんな決意が込められていました。

（「声明文」の抜粋を参照）

・〈前監督による暴力行為やハラスメントは、決して許されるものではありません。私たちは、柔道をはじめとする全てのスポーツにおいて、暴力やハラスメントが入り込むことに、断固として反対します。〉

・〈暴力や体罰の防止はもちろんのこと、世界の頂点を目指す競技者にとって、またスポーツを楽しみ、愛する者にとって、苦しみや悩みの声を安心して届けられる体制や仕組みづくりに生かしていただけることを心から強く望んでいます。〉

・〈競技者が、安心して競技に打ち込める環境が整備されてこそ、真の意味でスポーツ精神が社会に理解され、2020年のオリンピックを開くにふさわしいスポーツ文化が根

付いた日本になるものと信じています。〉

この年の8月には新会長のもとに全柔連の理事会が刷新され、体質改善にむけて踏みだしました。告発事件からちょうど1年後の２０１４年1月31日には、それまでの評議員53人を総辞職させ、新たに30人を選任、その中には溝口さんの名前がありました。いままでズバズバと正論を吐いて煙たがられ遠ざけられていた溝口さんの抜てきは、全柔連改革になくてはならない人材だということでしょう。

「日本柔道の改革はこれからが正念場です。力を合わせて内部から変えていかなければなりません」と決意を語る溝口さん。その道は、15名の女子選手が強く願っているように２０２０年のオリンピック・パラリンピックを開くにふさわしい柔道界、スポーツ界をつくりあげていく過程となるでしょう。ぜひともそうなってほしいと思います。

溝口紀子さんのプロフィール

静岡県出身／埼玉大学教育学部卒業（１９９４）／埼玉大学大学院修士課程修了（１９９４―１９９７）、教育学修士の学位取得／フランス柔道ナショナルチームコーチ（２００２―２００４）／静岡文化芸術大学文化政策学部国際文化学科准教授（２００９）／静岡県教育委員会委員（２０１１）／バルセロナオリンピック女子柔道52ｋｇ級銀メダル／アトランタオリンピック女子柔道56ｋｇ級３回戦敗退／全日本選抜柔道体重別選手権大会優勝（５回）／福岡国際女子柔道選手権大会優勝（３回）／フランス国際優勝（４回）

全日本女子ナショナルチーム国際試合強化選手15名による2月4日の声明文（抜粋）

皆さまへ　このたび、私たち15名の行動により、皆さまをお騒がせする結果となっておりますこと、また２０２０年東京オリンピック招致活動に少なからず影響を生じさせておりますこと、まずもって、おわび申し上げます。

私たちは、これまで全日本柔道連盟（全柔連）の一員として、所属先の学校や企業における指導のもと、全柔連をはじめ柔道関係者の皆さまの支援を頂きながら、柔道を続けてきました。このような立場にありながら、私たちが全柔連やＪＯＣに対して訴え出ざるを得なくなったのは、憧れであったナショナルチームの状況への失望と怒りが原因でした。

指導の名の下に、または指導とは程遠い形で、前監督によって行われた暴力行為やハラスメントにより、私たちは心身ともに深く傷つきました。人としての誇りを汚されたことに対し、ある者は涙し、ある者は疲れ果て、またチームメートが苦しむ姿を見せつけられることで、監督の存在におびえながら試合や練習をする自分の存在に気づきました。代表選手・強化選手としての責任を果たさなければという思いと、各所属先などで培ってきた柔道精神からは大きくかけ離れた現実との間で、自問自答を繰り返し、悩み続けてきました。

今回の行動をとるにあたっても、大きな苦悩と恐怖がありました。……決死の思いで、未来の代表選手・強化選手や、未来の女子柔道のために立ち上がった後、その苦しみはさらに深まりました。私たちの声は全柔連の内部では聞き入れられることなく封殺されました。その後、JOCに駆け込む形で告発するに至りましたが、学校内での体罰問題が社会問題となるなか、依然、私たちの声は十分には拾い上げられることはありませんでした。一連の報道で、ようやく皆さまにご理解を頂き、事態が動くに至ったのです。

前監督による暴力行為やハラスメントは、決して許されるものではありません。私たちは、**柔道をはじめとするすべてのスポーツにおいて、暴力やハラスメントが入り込むことに、断固として反対します。**

今後行われる調査では、私たち選手のみならず、コーチ陣の先生方の苦悩の声も丁寧に聞き取っていただきたいと思います。暴力や体罰の防止はもちろんのこと、世界の頂点を目指す競技者にとって、またスポーツを楽しみ、愛する者にとって、苦しみや悩みの声を安心して届けられる体制や仕組みづくりに生かしていただけることを心から強く望んでいます。

競技者が、安心して競技に打ち込める環境が整備されてこそ、真の意味でスポーツ精神が社会に理解され、2020年のオリンピックを開くにふさわしいスポーツ文化が根付いた日本になるものと信じています。

◆暴力ではけっして上手くも強くもならない
——桑田真澄さん（元プロ野球選手）

桑田真澄さんは、日本プロ野球界で20年間活躍し、1年という短い期間でしたがアメリカ大リーグにも挑戦した実力派の投手でした。

桑田投手の投法は、140km／h台の速球とカーブを軸に巧みな投球術を駆使するタイプで、「コンビネーションピッチャー」と評されました。打者と真っ向勝負を挑む姿が記憶に残ります。2007年に引退するまでに173勝（大リーグでは0勝）をあげ、通算防御率3・55点を記録しています。（プロフィールを参照）

引退した桑田さんは一念発起し、野球指導理論の科学的研究をめざして、2009年に早稲田大学大学院に進みます。そこで修士論文としてまとめたのが、「『野球道』の再定義による日本野球界のさらなる発展策に関する研究」でした。その内容が注目され、マスメディアが紹介して話題になりました。

研究では、かねてから自分の体験を通して疑問に思っていた日本の野球の指導のあり方に関する問題点を掘り下げています。桑田さんは少年野球時代の体験を苦い思い出として、自身のホームページで次のように記しています。

〈少年時代、練習に行って殴られなかった日は無いくらい、怒られ殴られた。朝から晩まで練習するのが当たり前の時代、真夏でも水を飲めなかった時代だ。耐え切れず、トイレの水や雨上がりにできた水溜りの水を飲んだ経験もある。〉

この少年野球の光景は「日本中で見られる」として、痛烈に批判します。

○〈日本中、何百というチームを見てきたけど、子ども達を怒鳴り散らしている指導者ばかり。怒鳴らないと理解してもらえないほど、私には指導力がないんですと、周り

に言っているようなもんだよね。〉

○〈…そりゃぁ、叱らなければいけない時もあるよ。でも、試合中、練習中、最初から最後まで、怒鳴ることないよね。その情熱は、素晴らしいと思うんだけど、方向が間違っているよね。それだけ情熱があるのなら、もっと勉強して知識を身につけるべきだよね。〉

桑田選手といえば高校時代、強豪校のＰＬ学園（大阪府）のエース、同僚の強打者清原和博とのＫＫコンビで、春・夏の甲子園を沸かせました。強豪校にあっても、当時から桑田選手自身は後輩部員に暴力を振るうことをしなかったそうです。後輩にあたる立浪和義さん（元中日ドラゴンズ）は、「ミスをしても練習で試合で取り返せと激励してくれた」と言います。

その桑田さんが、「スポーツ界から暴力指導の根絶を！」と訴えたのが、２０１３年の年明け早々に発覚した、大阪の市立高校バスケットボール部の男子生徒の自殺事件からでした。

この事件は、キャップテンをしていた男子生徒が練習や試合で、コーチをしている顧問の教師から〝見せしめ〟に日常的に殴られたり蹴られたりしていて、それを苦にして自殺した事件でした。「強くなる、勝つため」、「大学進学や就職に有利」を理由に鉄拳が加えられ、ひどい時には顔を平手打ちで数十回も殴られたとあります。まるで奴隷扱いで、生徒の人権などあったものではありません。

発覚直後の1月12日付けの朝日新聞社会面で、求めに応じた桑田さんの談話が掲載されました。

〈私は、体罰は必要ないと考えています。〝絶対に仕返しをされない〟という上下関係の構図（の中）で起きるのが体罰です。監督が采配ミスをして選手に殴られますか？ スポーツとして最も恥ずかしき卑怯な行為です。指導者が怠けている証拠です。〉

暴力ではけっして上手くも強くもならない——。桑田さんの信念が世論と共鳴し合い、この自殺事件を契機に、学校のスポーツ部活動での暴力・体罰による指導の深刻な事例が次々に告発されていき、「スポーツ界からの暴力根絶を」との声が広がりを見せました。「暴力によらない指導」で好成績を収めている実例も次つぎと紹介され、暴力根絶の動きが大きなうねりになっていきました。

桑田さんはこの流れに注目して、「スポーツに携わる人全員で議論して、時代に合った指導方法に変えていくべきだ」と訴えました。それに共感したプロ野球人に打者として鳴らした中日球団の元監督、落合博満さんがいます。落合さんの言い分はこうです。

〈俺が監督になる時に、戦うのは向こうの選手だ、自分とこのベンチじゃない、絶対選手に手を上げるなよつって釘を刺した。やられた方が何を思うか、〝打てなかった守れなかった〟ってのは結果論であって、そこまでやられてぶん殴られる理由がどこにあんだよつって。手上げたらユニフォーム脱がすからな、これだけは約束守れって…〉

これまで、「スポーツには鉄拳はつきもの」との考えが根強くあって、暴力・体罰による指導が大手を振るってきました。今回の事件以前のデータ（２００６年）ですが、朝日新聞がスポーツ活動の指導者におこなった「体罰の是非」調査では、〈体罰はやむをえない〉〈必要である〉と回答した指導者は60％にものぼっていました。

この厚い壁を破ろうと真っ向勝負を挑んでいるのが桑田さんです。「新しい時代に合った指導方法」がしっかりと根を張るのはまだまだこれからですが、太い流れになってきていることも確かだと言えるでしょう。

桑田さんは、自著『野球の神様がくれたもの』のなかで、つぎのような信条を述べています。

〈…しかしながらプロ、アマチュアを問わず、**スポーツにおいて本来主役の役割を担っているのは現役選手である。したがって、グランドで日々汗を流している彼らの声を集約**

する努力なしに、野球界の本質的な改革は実現しづらい。〉

これは野球界だけに限ったことではありません。〝主役〟である選手が報われてこそスポーツの存在意義があることを自覚した指導的な人びとが多数になることは期待できることではないでしょうか。

桑田真澄さんのプロフィール
大阪府出身／PL学園時代は清原和博とのKKコンビで一世を風靡／プロ入り後は1990年代の読売ジャイアンツを、斎藤雅樹、槙原寛己とともに先発3本柱の一人として支えた。／2007年にピッツバーグ・パイレーツに所属、同年に現役を引退。／最優秀選手：1回（1994年）／沢村賞：1回（1987年）／最優秀投手：1回（1987年）／ベストナイン：1回（1987年）／ゴールデングラブ賞：8回（1987年、1988年、1991年、1993年、1994年、1997年、1998年、2002年）／日本シリーズ優秀選手賞：1回（1994年）／早稲田大学大学院スポーツ科学研究科修士課程を修了／東京大学野球部の特別コーチ。

第8章　アスリートには悲しい歴史があった

いまは時代が前進して、「アスリート・ファースト」が高唱されてきていますが、ここに至るまでには、「アスリート・ファースト前史」とも呼べる競技者の苦難の道があり、悲劇がいくつも起きてきました。

その苦悶と葛藤の累積のうえに「アスリート・ファースト」は唱えられなければ、〝真実の声〟にはならないように思えてなりません。そこに刻まれた悲史は、ある意味で日本のアスリートたちが置かれてきた情景でもありました。

そのいくつかを、私自身がかかわったエピソードもまじえて紹介しましょう。若い競技者には無縁の、遠い過去の話のようでしょうが、「アスリート・ファースト」を求めた慟哭《どうこく》として目を向けてください。

◆自殺に追いやったのは誰だ――円谷幸吉さん（男子マラソンランナー）

悲報を聴いたのは、1968年1月9日の早朝でした。目覚まし替わりに掛けていたポータブルラジオから、突然、臨時ニュースが流れ出しました。

〈東京オリンピックの銅メダリスト、マラソンの円谷幸吉選手が、自衛隊体育学校の宿

舎で自殺していたことが発見されました。〉

寝ぼけていた頭をガンと殴られた衝撃をおぼえ、「なに……っ、そんな⁉」と、私は床を蹴って、繰り返されるニュースに聴きいりました。アナウンサーは続けて円谷の『遺書』を読み上げはじめました。それは、物悲しい音律を含んだ文章でした。

〈……父上様、母上様、幸吉はもうすっかり疲れ切って走れません。なにとぞお許しください。気が休まることもなく、御苦労、御心配をお掛けして申し訳ありません。幸吉は父母上のそばで暮らしとうございました。〉

茫然としながら、私は4年前の東京オリンピックでの円谷選手の勇姿を思い浮かべていました。

甲州街道を2位で通過して行った円谷は、ゴールの国立競技場に入って力つきました。ベイジル・ヒートリー（イギリス）の猛追をかわす余力はなく、残り200mで抜かれて3位、へたり込むようにしてゴールしたのでした。勇者然としてゴールしたビキラ・アベベ（エチオピア）とはあまりにも対照的な姿でした。

マラソンで初のメダリスト――。円谷選手は一躍〝時の人〟となり、自衛隊での階級も特進します。そして、期待の星として次のメキシコ大会をめざして走り続けます。

しかし……、いっときの休むひまもなく、体を酷使したのがいけなかったのでしょう。持病の腰痛や脚の故障にみまわれ、記録は伸び悩みます。それでも、メダル有力候補として円谷への期待はオリンピックが近づくにつれて強まるばかりで、マスコミも「今度は金！」と煽《あお》りたてていました。

焦りとプレッシャーで追い込まれていったのでしょうか……？ 年頃ですから恋の悩みもあったと聞きました。新しいオリンピックの年が明けた時、円谷選手は自らの命を絶ったのです。私は彼への同情とともに、やるせない思いにかられながら、身支度もそこそこに大学へと向かったのでした。外は小雪が舞っていました。

途中のターミナル駅で、円谷の自殺を知らせ、『遺書』を掲載した新聞の号外を手にしました。通勤ラッシュで混みあう車内、号外に目を通す人びとの表情は固く、陰鬱《いんうつ》な空気がよどんでいました。メダリストの死は唐突で、それほど衝撃的でした。

大学に着くと学生自治会室に飛びこみ、マジックインクを走らせて模造紙に『遺書』を書き写し、キャンパスの掲示板に張りました。登校してきた学生たちが立ち止まり、教授たちも、職員も足を止めました。そこには素通りできない雰囲気が漂っていました。

やがて授業が始まり、教授が開口一番、こう切り出しました。

〈みんなは掲示板を見ただろう。悲しいニュースである。今日は、円谷選手の死について、考えよう。体育を学び、スポーツの世界に生きる者にとって他人事ではない、重大な事件だと思う。〉

教授は専門のスポーツ生理学の授業を脇に置いてでも考えなければならない問題だと判断したのです。この教室のなかには、オリンピック級のトップ選手もいれば、多くは体育の指導者になっていく学生たちでした。「円谷の死」はすぐ隣り合わせの、自分たちの問題でした。

口火を切ったのは、東京オリンピックに出場したカヌーの選手でした。

〈選手は弱音を吐けない。悩みもあかせない。孤独な世界で耐えなければならない。僕も競技では一人ぼっちだった。ただ自分は体育の仲間がいるが、円谷選手には心をひらける仲間がいなかったのではないか〉。

体操のオリンピック候補の女性も、沈みがちに発言しました。

〈東京大会で団体3位になって、『次はもう一つ上を』と言われ続けてきました。技ができないと『候補から落とされるぞ』と言われる。いつもビクついていて、だんだん体操がつらくなっていくのです。私も時折、『逃げたい』という気持ちになります。〉

三段跳びで日本記録を樹立し、勢いに乗っている選手の意見は強烈でした。

〈スポーツは自己主張の世界だ。信念がなければ、つぶされるし、勝てない。他人は激励の言葉はかけてくれるが、やるのは自分でしかない。もともと競技者は孤独なんだから、前に進むしかない。円谷選手の死を惜しむけれど、同情はできない。〉

学生自治会の役員をやっている同僚の発言は刺激的でした。

〈自殺だというが、円谷選手は「殺された」と言うべきだろう。「メダルを取れ」と重圧をかける国や競技団体が、彼の走りを強制してしまった。強制はスポーツをいびつなものにし、自己表現を奪う。行きつくところが「死」だ。円谷選手はその犠牲者だとみるべきではないか。〉

真剣にこの問題に立ち向かう必要がありました。そうしなければ、自分たちの明日も見えなくなってしまうような不安感が襲ってきそうでした。いかにプレッシャーやスランプから抜け出すか、みんなが「円谷の死」と向き合って、必死に考えながら発言していました。

私は…と言えば、先日読んだばかりの宮本顕治※の文芸批評、『敗北の文学』の一節を思いだしていました。戦争の暗雲に先の見えない不透明感をおぼえた芥川龍之介が、耐えられずに命を絶った事件を取り上げた宮本は、芥川の「敗北的行程」を追跡しつつ、こう評しました。

〈だが我々はいかなる時も、芥川氏の文学を批判しきる野蛮な情熱を持たねばならない。我々は我々を逞しくするために、氏の文学の敗北的行程を究明してきたではないか。「敗北」の文学を——そしてその階級的土壌を我々は踏み越えて行かねばならない。〉

この一節が、「円谷の死」とダブったのです。とどまるわけにはいかない競技者。そのためには円谷選手の死に向き合い、彼の死を乗り越える「野蛮な情熱」を持ってすすまなければならないと思ったのです。それは大変な覚悟のいることでした。

※宮本顕治　東京大学在学中の１９２９年（昭和４年）８月、芥川龍之介を論じた「敗北の文学」で雑誌『改造』の懸賞論文に当選し、文壇にデビュー（次席は小林秀雄の『さまざまなる意匠』）。戦前に日本共産党に入り、終戦まで獄中生活を強いられる。女流作家中条百合子と結婚。戦後は日本共産党のリーダーとして活躍。

雪は深々と降り積もっていました。教室に底冷えを感じるころ、特別授業は終わりました。教授が最後に、「今日の事件を忘れないようにしよう。体育やスポーツの命運がかかっているように思える。第二の犠牲者は出したくない。諸君らの健闘に期待したい」と括《くく》りました。

その後、スポーツの世界は時を刻み、私もその世界の一員として歩んできました。この間、いくつもの競技者の悲劇が起こりました。悲劇のたびに無情な思いを抱き、あの「円谷の死」が思い出され、教授が托した最後のことばが耳奥で聴こえてくるのでした。それは私のトラウマとなって、「死に追いやったのは誰だ」との問いかけを、いまなお繰り返しているのです。

円谷幸吉の「遺書」

父上様、母上様、三日とろろ美味しゅうございました。干し柿、もちも美味しゅうございました。

敏雄兄、姉上様、おすし美味しゅうございました。

克美兄、姉上様、ブドウ酒、リンゴ美味しゅうございました。

巌兄、姉上様、しそめし、南ばんづけ美味しゅうございました。

喜久造兄、姉上様、ブドウ液、養命酒、美味しゅうございました。また、いつも洗濯ありがとうございました。

幸造兄、姉上様、往復車に便乗させて頂き有難うございました。

正男兄、姉上様、お気をわずらわして大変申し訳ありませんでした。

幸雄君、英雄君、幹雄君、敏子ちゃん、ひで子ちゃん、良介君、敬久君、みよ子ちゃん、ゆき江ちゃん、
光江ちゃん、彰君、芳幸君、恵子ちゃん、幸栄君、裕ちゃん、キーちゃん、正嗣君、

立派な人になってください。

父上様、母上様、幸吉はもうすっかり疲れ切って走れません。なにとぞお許しください。

気が休まることもなく、御苦労、御心配をお掛け致し申し訳ありません。

幸吉は父母上様のそばで暮しとうございました。

円谷幸吉選手の履歴

福島県出身。高校卒業後の１９５９年に陸上自衛隊に入隊。駅伝での活躍を買われて自衛隊体育学校に入校しオリンピックをめざす。１９６４年の東京オリンピックでは1万ｍとマラソンの代表に選ばれ、1万ｍ６位入賞、マラソン３位の好成績を収める。その後、自衛隊幹部候補生学校に入校、メキシコ大会をめざすも持病の椎間板ヘルニアに悩まされて葛藤、その末に１９６８年1月9日に自衛隊体育学校の宿舎で自殺した。28歳

◆選手に犠牲を繰り返させたくない――長崎宏子さん（競泳女子平泳ぎ）

〝天才少女スイマー〟と呼ばれた長崎宏子さんにお会いしたときは、長崎さんは結婚され、一児の母親になっていました。

私が長崎さんに会って話を聞きたいと思ったのは、その歩んでこられた軌跡に惹きつけられたからでした。まず、その軌跡を大まかにたどって見ましょう。

・小学生で次々と学童記録を塗り替えている子が秋田にいると、長崎選手が注目されます。

・１９８０年のオリンピックの年に、長崎選手は全国デビューをはたし、日本水泳選手権の２００m平泳ぎで優勝します。この時、12歳、小学六年生でした。

・「初の小学生オリンピック選手」として注目を浴びますが、モスクワオリンピックに日本は不参加、〝幻の代表〟となりました。

・それにめげずに、伸びざかりの長崎選手は水泳界のトップスイマーとなり、80年～87年にかけて女子平泳ぎで「長崎時代」を築きます。

・16歳で出場したロサンゼルスオリンピック（１９８４年）は、「優勝候補」と目されながらもコンディションづくりに失敗し、１００m＝６位、２００m＝４位と不本意な成績でした。

・高校二年生の時にアメリカに留学し、スイミングスクールで練習を続けるかたわら、スポーツトレーニングの理論を学びます。

・20歳でソウルオリンピック（1988年）を迎えましたが、この間に世代の交代が進み、結果は100m、200mとも予選落ちとなりました。

・その後、アメリカに再留学してスポーツ・マネージメントを学び、日本オリンピック委員会（JOC）に職を得て、日本選手では最初の国際オリンピック委員会（IOC）の選手委員となります。

・JOCを退職後、結婚した長崎さんはご主人と『元気なアトリエ』を立ち上げ、妊婦対象の水泳教室などを開設します。

当時、『元気なアトリエ』はご自宅が事務所になっていました。そこにお伺いして、長崎さんのこれまでの体験を語ってもらいました。長崎さんも、ご主人も気さくな方で、お子さんを抱っこしながら、和やいで話が弾みました。

――〝天才スイマー〟と呼ばれ、すい星のように水泳界に登場しました。

長崎　名もない秋田のスイミングスクールで泳いでいましたから、東京や大阪の名門のスイミングクラブがびっくりしたのでしょうね。泳ぐたびに記録が伸びるのが楽しくて…。

——いきなり日本選手権に優勝して、オリンピックの代表に選ばれましたが。

長崎　勢いでしょうね。チャンピオンになるなんで思ってもいませんでした。「小学生がオリンピックに出る」とマスコミが騒いでいたようですし、地元での歓びも凄いものがありました。ただ私はあまりオリンピックがどんなところなのか、ピンときていませんでした。

——しかし、モスクワ大会は不参加となり、〝幻の代表〟と言われました。ショックはありましたか?

長崎　まだ小学生でしたから、政治のことは分りませんでした。騒然とした東京から離れていたせいでしょうか、いつものように泳いでいました。ただ、テレビや新聞などでオリンピックをめざしていた選手たちが涙を流して「参加」を訴えている様子は、「どうして行かせてくれないのか?」と少女の心に強く残りました。モスクワ大会の女子平泳ぎの100m、200mの優勝タイムをあとで知りましたが、出ていてもメダルには届かなかったかな〜、という感じでした。

——それからの国内での活躍にはめざましいものがありました。「長崎時代」とも言われましたね。

長崎　中学から高校時代で、200mは1980年―87年、100mは81年―87年の日本チャンピオンを続けていました。ただ、私のなかにはいつも「水泳ばかりで過ごしたくない」との思いが強くあって、東京に出て水泳に専念する道もありましたが、ず〜っと秋田の地元でやってきました。伸び伸びとやれたのも良かったと思っています。

——高校の途中からアメリカに留学しますが、「水泳留学」ということで…。

長崎　「水泳留学」ということで間違いないのですが、私のなかではちょっと違った目的もありました。練習漬けになるのではなく、アメリカのトレーニング方法を学んだり、外国選手と交流したいという気持ちが強かったのです。大変勉強になりました。選手を尊重し、コンディションとか目標に向けた練習法とか、コーチのやり方などは新鮮でした。国内ではあまり体験してきませんでしたから。

——次のロサンゼルス大会では、今度は東側諸国がボイコットしました。東欧の強豪選手が出場しないということで、「金メダル候補」と言われていました。しかし、そうならなかった…。

長崎　ええ、前の年の同じロサンゼルスで開催されたプレ五輪で１００ｍ、２００ｍで優勝していましたから…、ちょっと満身していたのでしょうかね～。それに、本番直前に膝を故障して十分なキックができない状態でしたし、当時、「高地トレーニングが良い」と事前合宿をアメリカの高地でやったのがコンディションを狂わしたのかもしれません。そのころは、日本の競泳トレーニングは試行錯誤の時期でもあったようですし。

――そして、20歳でソウルオリンピックにのぞみましたが、結果は予選落ち。

長崎　15、16歳の若い世代が台頭してきていましたから、その勢いに飲みこまれた感じでした。ただ、この時は「競技を楽しみたい」との心境でした。ですから、結果は結果として受けとめましたが、「楽しんだ」という充実感はありましたね。それは、ある意味で私の抵抗でもあったんです。口を開けば「勝て勝て、メダルを取れ！」ですから、「選手のオリンピックなんだ」との思いを抱いていました。しかし、地元に帰って、タクシーに乗ったら、私が本人だとは知らないで、運転手が「(長崎は) 地元の恥さらしだ。税金ドロボーだ」と怒っていたのは悲しかった。ちょっと傷つきました。

――引退後は、ＩＯＣの初代の選手委員に選任されました。

長崎　モスクワとロサンゼルスの２度のオリンピックがボイコット合戦で揺れて、「犠

牲になるのは常に選手であり、これを繰り返してはならない」（アントニオ・サマランチ会長＝当時）との思いが、ＩＯＣ選手委員会の創設になったと思います。私も考えてみればその犠牲者の一人と言えますし、それがトラウマになると選手は実力を発揮できなくなりますからね。これは大変大事なことだと思い、ＩＯＣで選手の立場を尊重するように提言をしたりしました。始まったばかりでしたから、なかなか壁が厚くて、若い者の声が届かないので悩みました。

――現在は競技の世界からは離れて、自分で事業を興して、妊婦さんの水泳教室など新しい分野で活動されていますが……。

長崎　日本の水泳界が力をつけることには応援していますが、私のなかには「水泳は自らが楽しむもの」という思いがありますから、「競泳に行く前が大事だ」との考えを抱いていたのです。そこで着想したのが、「お腹のなかにいる時から泳ぎに親しんでもらおう」と妊婦さん向けの水泳教室――マタニティスイミング、ベビースイミング――を開設したのです。そうしたら、妊婦さんの体調維持だとか健康のためにも効果があるということも分り、注目もされています。そういう教室がたくさんできたら良いな～と思っているんですよ。

目を輝かして未来を見つめながら語る長崎さんには、競技人生のなかで味わった暗い影はみじんも感じられませんでした。きっと自分の信念をしっかり持って何事にも前向きに挑んできた人だからでしょう。それにホッとしながらも、それでも「モスクワで泳いでいたら……」との思いで話を聞いていました。

モスクワ、ロサンゼルスと歯車が狂ったオリンピックでした。それに翻ろうされてきた選手の心の傷は深いものに違いありません。この教訓からIOCに選手委員会が創設され、長崎さんが日本での第1号となったことに、苦い歴史を克服していく前進的な流れを感じ取りました。

じつは私も、ロサンゼルス大会の開幕の直前にギリシャのオリンピアで開講された国際オリンピックアカデミー（IOA）に参加し、開講式でサマランチIOC会長の「競技者に犠牲を強いてはならない」と強調したあいさつを聞いていました。それだけに、長崎さんの軌跡と未来への挑戦には心を打たれました。スポーツを政治の都合で奪ってはならないのです。

◆「空白の時間」は帰ってこない――谷津嘉章さん（元プロレスラー）

「五輪プロレスラー」と呼ばれていた谷津嘉章（やづ・よしあき）さんに会いに行ったのは、1987年の春でした。東京の渋谷駅にほど近い『新日本プロレス』のジムで会いました。

初めて入ったプロレスのジムは薄暗く、不気味でした。壁にはタイガーのマスクが掛かり、いつ、後ろから大男が飛び出してきて、「ヘッドロック」か「コブラツイスト」の荒技を仕掛けられるか、警戒したものです。

ですが、谷津さんはじつに紳士的に応対してくれました。やがて、トレーニングあけのレスラー仲間もやってきて、大男に囲まれながらリングサイドでは談笑風に話が弾みました。

ソウルオリンピック（1988年）を翌年に控え、谷津さんはレスリングの国内代表決定戦に出場することを決めていました。

谷津さんに朗報が舞いこんだのは、前の年でした。日本オリンピック委員会（JOC）が国際的なアマ・プロオープン化の流れに呼応して『アマチュア規程』を改訂、競技団体の「競技者参加規定」を尊重する方向に転換したのです。それをきっかけに、日本レスリング協会も「プロの出場」を認めました。協会が重量級の選手を欲していることもありました。

この朗報を聞いて、谷津さんのなかでながくもやっていた心に火がつきます。「もう一度、オリンピックに挑戦してみたい」。それからは、プロレスの興行をやりながら、トレーニングに励む日々が続きます。アマとプロとではルールが違いますし、体づくりも変えなければなりませんでした。

国内決定戦を前にした谷津さんに、その心境をインタビューしたのです。

――1980年のモスクワオリンピックの代表候補でしたが……。

谷津　24歳で一番油の乗っていたときだった。100キロ超級で1978年のアジア大会（バンコク＝タイ）、翌79年のアジア選手権（ジャランダル＝インド）の100キロ級で優勝し、アジアでは一番でしたからね。はっきりと目標をモスクワに設定していた。

――ところが、アフガニスタン問題で、アメリカがモスクワ大会へのボイコットを呼びかけ、日本政府が呼応し、不参加となりました。谷津さんは〝幻の代表選手〟になってしまいました。

谷津　まったく天変地異、青天の霹靂《へきれき》だった。どうしても出場したかった。メダルも夢ではないと、自信も持っていた。それが政府の介入でお釈迦になった。突然、地獄に突き落とされたんだ。あの時は、「俺たちをなんだと思っているんだ‼」と怒り狂い、身の置きどころを失った。JOCは〝幻のオリンピック選手〟の称号で記録に残してくれたが、なんの慰めにもならなかったなぁ～。

――それで、アマチュアはやめたんですか。

谷津　たしかに、次の4年後のロサンゼルス大会をめざす選択もあった。だが、**俺から一度、オリンピックを奪ったことが許せなかった。**それと、政治に翻ろうされるのが嫌だった。アマチュアは国から補助金をもらっているからな。これじゃ、好きなスポーツ、俺はレスリングだが、楽しめないよな…。そう思って、引退を決意したんだ。

――プロレスに入って、その世界でも「五輪レスラー」と呼ばれていますが、どうですか？

谷津　俺はきっぱりとプロの世界に入ったのだが、業界の〝売り〟としては「五輪レスラー」と呼んだほうが目立つわけだ。「幻の金メダリスト」というニックネームも付けられたね。でも、実際はルールも違うし、世界がまったく違う。見事な技や展開でお客様を堪能させるのがプロレスだから、「オリンピック」のことは忘れてやれる。それも良かったと思う。

——これまではアマとプロは分離されていました。それが「競技規定」が改訂されて、オープンになったことで、オリンピックへの道が開けてきたわけですが…。

谷津　そんなふうになるなんて、考えもしていなかったね。もう競技から離れて6年も経っていたしね。でも、「プロも参加できる」というのは俺のためにあるようなものだから。そう思ったら、その第1号になるか、そんな気になってきたんだ。モスクワの時は、俺の意志は無視されたわけだから、もう一度、自分の意思で参加するのもケジメをつけることになるし。不安もあった。どんだけ通用するか、プロレスと両立できるか、自分でも分からなかったが、チャンスは逃したくなかった。

——勝算はありますか？

谷津　出るからには全力を尽くし、代表をめざすよ。ただ、若く、強い選手も出てきているからね…。悔いを残さないことだな。

インタビューからおよそ1ヵ月後、谷津さんは代表決定戦のマットに上がりました。だが、7年間もの競技のブランクは取り戻しようがありませんでした。谷津さんは堂々とたたかったのですが、オリンピックのマットに上ることは、とうとうかないませんでした。
谷津さんのように、「幻のモスクワオリンピック日本選手団」に名を連ねながら――１９８０年６月11日にＪＯＣが発表――、オリンピックに出場する機会を失った選手はどれぐらいいるのでしょうか？

いわゆる〝幻の代表選手〟は総数１６９人でした（馬術は７人の枠を持っていたが選手名は出さなかった）。そのなかで、４年後のロス大会に出場できたのは38人、２２・５％、およそ５人に１人でした。さらに８年後のソウル大会まで出場したのは21人、１２・４％、およそ８人に１人と減少しています（表参照）。

ヨットやライフル射撃では、８年後にソウル大会で返り咲いた幻の選手もいますが、体操女子、ボート、ボクシング、自転車競技、フェンシングで復活した選手はだれもいませんでした。

この幻の選手で次のロス大会でメダルを獲得できたのは、以下の選手です。そのなかで、レスリングの太田章（フリースタイル９０キロ級）はソウル大会でも銀メダルに輝いた、息の長い選手でした。

〔金メダル〕柔道の山下泰裕、レスリングの富山英明、ピストルの蒲池猛夫、体操の具

志堅幸司（個人総合、吊り輪）
〔銀メダル〕　レスリングの太田章、体操の具志堅幸司（跳馬）
〔銅メダル〕　レスリングの高田裕司、体操の男子団体と具志堅幸司（鉄棒）、女子バレーボールの江上由美、三屋裕子、広瀬美代子

4年に1回のオリンピックが1度抜けると、次回は8年後となるのです。生身の競技者にとって目標と活躍の舞台をもぎ取られるほど、悲劇的なことはありません。その痛苦を乗り越えて、新たな4年に向かうわけですから、足掛け8年はなんと気の遠くなるほど長いブランクだと言えるでしょう。

しかもその間、トップ水準を維持し、若い伸びざかりの選手に伍してチャンスをものにしなければなりません。絶頂期を過ぎた選手は、体の維持・管理に人知れない努力を強いられます。ピークを過ぎるとそれは至難の業であることを、谷津をはじめ〝幻の代表選手〟のてん末がはっきりと語っています。

オリンピックは4年に1回、必ずやって来なければならないのです。それがアスリートが存分に自己表現をしていく壊されてはならないセオリーなのです。

（表）幻の「モスクワ大会選手」のロス大会、ソウル大会の出場数と割合

競技	「モスクワ大会」	ロサンゼルス大会			ソウル大会		
陸上競技	18人	新宅雅也／瀬古利彦／宗茂／宗猛／室伏重信／松井江美	4人	22・2%	新宅雅也／瀬古利彦／松井江美	3人	16・7%
水泳	20人	坂本弘／簗瀬かおり／長崎宏子／久米直子／馬淵よしの	5人	25・0%	長崎宏子	1人	5・0%
ボート	4人		0人	0%		0人	0%
ボクシング	6人		0人	0%		0人	0%
バレーボール女子	12人	江上由美／三屋裕子／広瀬美代子	3人	25・0%	江上由美／三屋裕子／広瀬美代子	3人	25・0%
体操男子	7人	梶谷信之／具志堅幸司／山脇恭子	3人	42・9%	梶谷信之／具志堅幸司／山脇恭子	3人	42・9%
体操女子	7人		0人	0%		0人	0%
レスリング	20人	入江隆／高田裕司／富山英明／太田章	4人	20・0%	入江隆／高田裕司／富山英明／太田章	4人	20・0%
ヨット	8人	広沢孝治	1人	12・5%	花岡一夫／池田正	2人	25・0%
ウエイトリフティング	10人	宮下日出海	1人	10・0%		0人	0%
ハンドボール	14人	大畑孝広／井志賀良弘／関健三／山本伸二／蒲生晴明／池之上孝司	7人	50・0%		0人	0%

自転車競技	6人		0人	0%		0人	0%
フェンシング	10人		0人	0%		0人	0%
柔道	7人	山下泰裕	1人	14.3%		0人	0%
ライフル射撃	7人	蒲池猛夫／赤塚裕幸／松尾薫	3人	42.9%	勢見月文久／松尾薫	2人	28.6%
近代五種	3人	内田正二／川添博明	2人	66.7%		0人	0%
カヌー	2人	井上清登	1人	50.0%	井上清登	1人	50.0%
アーチェリー	4人	松下和幹	1人	25.0%	松下和幹	1人	25.0%
クレー射撃	4人	平野元治／渡辺和三	2人	50.0%	渡辺和三	1人	25.0%
馬術	（7人）						
計・平均	169（7人）		38人	22.5%		21人	12.4%

第9章　起これ！　アスリートファーストの声

２０１４年３月に２０２０年オリンピック・パラリンピック東京大会組織委員会が発足し、開催準備にむかって本格的に動き出しました。はたして、準備と成功のコンセプトに「アスリート・ファースト（選手が主人公）」がつらぬかれるでしょうか。

これまで見てきたように、日本のアスリートたちの存在感は大きくなってきています。自由に自己を表現して、きちんと正義の主張を表明し、なによりも社会に目を向けて、東日本大震災の復興支援でみせた連帯する姿には共感が広がり、人びととの信頼の絆が強まっています。

それを存分に活かして、オリンピック・パラリンピックの課程のなかで実らせてほしいと思います。そのためにも、アスリート自身が自らを磨きあげ、社会的な存在としての自覚を持って努力していくことです。その努力とは何か――。

◆頬にかかる涙を称えたい――上村愛子さん（フリースタイルスキー）

スキー・フリースタイルのモーグルで活躍した上村愛子さんの、最後のオリンピックとなったソチ冬季大会（２０１４年）で流した涙に、私は心打たれた一人です。

上村さんと言えば、ついにメダルに届かなかった〝悲運のスキーヤー〟として記憶されています。

高校生で長野オリンピック（1988年）に出場して7位、18歳の少女が躍動しました。長野大会では同種目で里谷多英選手が優勝、日本女子選手初の冬季オリンピック優勝者になりました。

次のソルトレイクシティ大会（2002年）では上村選手は6位、3度目のトリノ大会（2006年、イタリア）は5位と順調に成績を上げていきます。そして4回目のバンクーバー大会（2010年、カナダ）はメダルに1歩届かず、4位の記録を記しました。7位↓6位↓5位↓4位…。

〈なんなんでしょうね…？　階段を一段一段登っているみたいで、どうしてもメダルに手が届きませんね～〉

この結果にちょっと自嘲気味だった上村選手でしたが、気を取り戻して5回目のソチ大会にのぞみます。すでに少女は30歳代に入り、結婚もしていました。「今度はメダルを！」と、本人ばかりか周囲も期待し、願っていました。

しかし…、最高の滑りを見せながら今度も4位に終わりました。悔しかったに違いありません。ところが、上村選手がインタビューに応えて述べた言葉がさわやかでした。

〈メダルは獲れなかったけど、すがすがしい気分。全力で滑れたことで点数見ずに泣いてました。〉

頬には大きな瞳からにじみ出る涙が光っていました。やりきった人間がジワリと流す涙は〝真珠の涙〟とでも言えるでしょうか、見ていて「お疲れさんでした」と声を掛けたい気持になりました。

ソチ大会を最後に上村選手は引退を表明します。メダルが届くところにいながら、とうとうメダルを獲得できなかった競技人生でした。その引退表明を聴きながら、「アスリートはメダル獲得がすべてではないな〜。いかに充実した競技人生を送れるかが大事なんだ」と、深い感銘を覚えました。

考えてみれば、当然のことだとは言えるでしょう。アスリートたちは誰しもトップに登りつめようと努力し、メダル獲得をめざします。しかし、結果としては、それを我がものにできるのはいつの時代のオリンピック・パラリンピックでも一握りの限られた選手のみだというきびしい現実のなかにいるのです。

たとえば、ロンドンオリンピックの日本選手団の総数は293人でした。このなかで、メダルを獲得した選手は団体競技やダブルスのメンバーを含めて76人、26％の獲得率です。

つまり、217人（74％）はメダルに手が届いていないのです。なかには、男子体操の内村航平選手が3個、競泳男子の松田丈志選手と同女子の寺川綾選手が各2個と、複数のメダル獲得者もいますが…。

それほど世界のトップアスリートたちにとってメダルを獲得することは狭き門なのです。この難事業に向かって、打算をまじえず、妥協せずに、ひたすらに自分の可能性を信じて挑戦し、冷厳な結果を受け入れていくのがアスリートだと言えるでしょう。それをやり遂げたからこそ、上村選手の涙は真珠の光を放っていたのだと思います。

頂点をめざす挑戦と過程が、人間として、アスリートとして、価値のあるすばらしいいとなみであるからこそ、多くの人びとは頑張り抜いた選手たちのパフォーマンスを称え、惜しみない拍手を送るのではないでしょうか。このアスリートと人びととの共鳴が、オリンピック・パラリンピックを盛り上げ、押し上げているのは間違いありません。

しかし、もし、メダル獲得が自らの目標ではなく外から押しつけられた目標として義務づけられたものであったなら、どうでしょうか。無用な強迫観念に襲われ、自由な表現がその圧迫感で押しつぶされかねません。失敗したらどうなるでしょうか。たとえ勝利者となってもホッと胸をなでおろすばかりで、心の底からの歓喜は湧いてこないでしょう。それではアスリートの本性からかけ離れています。

「2020東京」にむけて心配なのは、その外圧が強まることです。競技団体が選手強化の目標として、過去の実績を踏まえてメダルや入賞者の目標値を決めてかかるのは当事者として必要でしょう。しかし、政府がメダル獲得を「国策」だと位置づけ、獲得数を「政策目標」として勝手に設定して押しつけるのは、外圧以外のなにものでもありません。

文部科学省が策定している「スポーツ基本計画」では、次のようにメダル獲得の「政策目標」を掲げています。

○夏季・冬季オリンピックでは過去最多を超えるメダル数の獲得。
○オリンピック、世界選手権では過去最多を超える入賞者数の実現。
○パラリンピックの金メダル獲得ランキングは、夏季大会5位以上、冬季大会10以上を目標。
○パラリンピックの金メダル獲得ランキングは、夏季大会17位以上、冬季大会8位以上を目標。

しかも、この「政策目標」を前提にひも付きの「強化費」を拠出するようでは、選手も競技団体もたまったものではありません。これだと、成績によって「強化費」が左右されるために、つねに〝おかみ〟の顔色に脅え、競技団体はいきおい選手やコーチたちに「メダルを取れ！」と号令をかけることになってしまいます。選手は「外圧（国）の外圧（競技団体）」に尻を叩かれ、自らの意志とは別に競技成績を上げることを強いられることになります。これでは、「選手が主人公」などうたい文句にすぎません。

ロンドンオリンピック（２０１２年）では38個という過去最多のメダルを獲得しました。また、ソチ冬季オリンピック（２０１４年）では8個という長野大会（１９９８年）の10個に次ぐメダルを獲得しています。大事なことは、この結果は政府が目標を押しつけたからではなく、あくまで選手・コーチと競技団体などの努力によるものだということです。

それに、「政策目標」の設定の発想では、全力を尽くしたうえでメダルを逃した大多数の選手たちが黙殺されてしまい、上村選手の流した涙は「そんな弱い根性だからメダルは取れないんだ」ということになりかねません。メダルの取得によって、そこに境界線を引いて選手の評価に差別をつけることは、けっしてスポーツ的な発想ではありません。

たとえば、女子スキージャンプの高梨沙羅選手の場合です。ソチ大会で採用された初種目で、ワールドカップの実績から「金メダル確実」と言われた高梨選手ですが、思うようなジャンプができずに4位にとどまりました。この結果に若い高梨選手は悔しさを噛みしめながら、「いろいろ課題を克服して、次を目指します」と語りました。

そうなのです、若い選手にとっては一つ一つの大会が通過点であって終着点ではないのです。それをあたかも終着点であるかのように選手を駆り立てるのが外圧だと言えるでしょう。

「アスリート・ファースト（選手が主人公）」の世界がたたかわなければならないのは、この外からのメダル獲得の押しつけです。メダル獲得は自らの目標であって、国の目標ではない――。この信念を強く抱き、「2020東京」と向き合って、「アスリート」であることを貫いてほしいと思います。

◆フェアプレーの旗のもとに――なでしこジャパン（女子サッカー）

「なでしこジャパン」と呼ばれる日本女子サッカーチームが世界の頂上に立ったのは、2011年のドイツでのワールドカップでした。

決勝進出を果たした日本の相手は実力ナンバー・ワンのアメリカです。これまで一度も勝ったことのない強豪であり、予想は圧倒的にアメリカ優勢でした。実際のゲーム展開もアメリカに先取点を許し、押されっぱなしでした。ところが、後半終了間際に宮間あやがゴールに押しこみ、15分ハーフの延長戦に入ったのです。

堅守を誇る日本を力づくで征しようとするアメリカ。延長前半にエースストライカーのワン・パックが強烈なヘディングシュートで先行、「延長戦で先制すれば負けることはない」（ワン・パック）と確信したそうです。

それがどうでしょう、「あきらめなければ何かが起こる」（坂口夢穂）と粘りを見せる日本は、延長後半の12分に宮間のコーナーキックを、ニア・サイド——ゴールポストに近いスペース——で合わせた澤穂希が奇蹟の右足ヒールキックでシュートを決めて、PK戦に持ち込んだのです。

この瞬間に形勢は逆転したと言えるでしょう。「PKを楽しもう」とした日本にはゆとりがあって確実にPKを決めていきます。一方のアメリカは「延長戦でも勝てなかった」と肩を落として集中力が途切れ、ゴールキーパー海堀あゆみの好守に阻まれて連続してPKを失敗します。そして、3—1でPKを制した「なでしこジャパン」がワールドカップをもぎ取ったのでした。〝ミラクルな優勝〟と呼ばれました。

もちろん、そのすべてが「なでしこジャパン」の総合力だったわけですが、彼女たちがリードされても最後まであきらめず、集中力を切らさずに挑み続けた精神力を維持できたのには理由がありました。その3か月前に起きた東日本大震災の被災者が復興にむけて頑張っている姿を描いたビデオを試合前に見て、「あきらめない力をもらった」ことがあったと言われています。そして、ワールドカップ制覇という快挙によって、今度は被災者の人びとを大いに元気づけたのでした。

おそらく、見ている人たちも二つの光景が重なったに違いありません。ワールドカップを主催したFIFA（国際サッカー連盟）の首脳もそれを感じたのだと思います。この年のFIFAフェアプレー賞※に「なでしこジャパン」が輝いたのは、「大震災を乗り越え激励した」との評価からでした。

※**FIFAフェアプレー賞**　1987年に創設され、個人（故人を含む）、チーム、サポーター、観客、サッカー協会（サッカー連盟）、サッカーコミュニティなどに贈呈される。

フェアプレーに徹する――。アスリートがもっとも大切にしている信条であり、モラルですが、とくにその徹底に力をそそいでいるのがFIFAを先頭にした国内外のサッカー界です。試合開始のセレモニーの先頭に運ばれる大旗は「FIFAフェアプレーの旗」と呼ばれています。

日本のプロサッカーJリーグでもフェアプレーにかかわるモットーを、つぎのように提示しています。

フェアプレーとは

1、ルールを正確に理解し、守る
フェアプレーの基本はルールをしっかりと知った上で、それを守ろうと努力することである。

2、ルールの精神：安全・公平・喜び
ルールは、自分も他人もけがをしないで安全にプレーできること、両チーム、選手に公平であること、みんなが楽しくプレーできることを意図して作られているのである。

3、レフェリーに敬意を払う
審判は両チームがルールに従って公平に競技ができるために頼んだ人である。人間である以上ミスもするだろうが、最終判断を任せた人なのだから、審判を信頼し、その判断を尊重しなければならない。

4、相手に敬意を払う
相手チームの選手は「敵」ではない。サッカーを楽しむ大切な「仲間」である。仲間にけがをさせるようなプレーは絶対にしてはならないことである。

いま、サッカー界はこうしたフェアプレーの精神を形式的なレベルにとどめないで、その中身の問題でもある、選手に対する人種的な偏見、差別意識、排外主義、暴力的な言語などをプレーから、スタジアムからなくして相手を敬い相互理解を深めいくことに力を入れはじめました。日本サッカー協会とJリーグでも２００８年に『リスペクト宣言』を発信しています。『宣言』の骨子はつぎのようです。

○〈リスペクト――相手を尊重する――の本質を、常に全力を尽くしてプレーすること、そしてそれはフェアプレーの原点であるととらえる。仲間、対戦相手、審判、指導者、用具、施設、保護者、大会関係者、サポーター、競技規則、サッカーというゲームの精神、それらサッカーを取り巻くあらゆるいろいろな関係のなかでとらえていく。〉

○〈「フェアで強い日本を目指す」。リスペクトは、世界からも認められた日本が誇る価値です。日本人らしさを出して戦っていくことが大事です。それがサッカー、スポーツの価値を高めていくことにつながります。こういったことはまさに今の社会に必要なことです。社会からサッカーが尊敬され、サッカーが文化となる。サッカーから、スポーツ、そして日本社会にこういった価値観を広めていきたい。〉

最近は、国内でもサッカースタジアムで「ジャパニーズ・オンリー（日本選手だけ）」

との横幕を掲げたり、バナナの皮をかざしてぶら下げたり、いわゆる「ヘイト・スピーチ」（低劣で排外的な悪口）と呼ばれる差別的行為が現れてきているのは、悲しいかぎりですし、油断のならぬことです。

かつて2002年にワールドカップを共同開催した日本と韓国です。この時、両国のサポーターたちは垣根を取り払い、ともに相手チームの活躍に声援を送り、スタジアムの内でも外でも肩を組んで大会を盛り上げました。その行為にFIFAはフェアプレー賞を授与しました。そのことを想起する必要があります。

『オリンピック憲章』はその根本原則で、つぎの2つを掲げています。

○…スポーツをおこなうことは人権の一つである。すべての個人はいかなる種類の差別もなく、オリンピック精神によりスポーツをおこなう機会を与えられなければならず、それには、友情、連帯そしてフェアプレーの精神に基づく相互理解が求められる。

○…人種、宗教、政治、性別、その他の理由に基づく国や個人に対する差別はいかなる形であれオリンピック・ムーブメントに属することとは相容れない。

「2020東京」の主役となる日本のアスリートたちへ。フェアプレーの率先した担い手となって、オリンピック・パラリンピックのホスト国の使命を大いに発揮してもらいたいと願っています。

◆ミサイルより強固な人間の輪――イラクのサッカー選手たち（アテネ大会）

アテネオリンピック（２００４年）のときでした。大会も大詰めを迎え、観戦に出かけていた私は、ぶらりシンタグマ（憲法広場）から街の目抜き通りを歩いていました。すると、通りをふさぐように人だかりができているのに出くわしました。

人垣を覗いてみると、輪のなかに数人のサッカー選手がいて、一緒に手拍子を打ちながら歓喜の声をあげています。選手たちが被っているキャップやＴシャツに〈Iraq＝イラク〉とあります。そう！　アテネ大会のサッカーで〝イラク旋風〟を巻き起こしてベスト４に進出したイラクチームの選手たちだったのです。

当時、イラクはアメリカが介入して内戦状態にあり、石油権益の死守と大量破壊兵器撤廃を理由にアメリカを主力にした多国籍軍が進駐していました。その影響もあって、アテネ大会の周辺はテロに備えた迎撃用のスカッドミサイルで囲まれ、出入国もきびしくチェックされる物々しさがあり、緊張感が漂っていました。

首都バグダッドのサッカー場はアメリカ軍の基地に占有され、戦車や軍用トラックが行き来していると聞きました。そのためにイラクチームは国外での練習を余儀なくされました。そんなハンディを背負いながらも中東アジアの予選を勝ち抜いて、アテネ大会の出場権を獲得したイレブンでした。

しかも、大会では予選リーグのグループDを2勝1敗のトップで通過、決勝トーナメント1回戦でオーストラリアに勝って準決勝まで進出します。まさに快進撃でした。イラクチームのハマド監督は自らの奮戦を振り返って、こう語っています。

〈サッカーチームの活躍で、困難な状況に面している（イラク）国民の気持を少しでも明るくさせることができたと思う。**ギリシャの人々や世界から来た観客が応援してくれた。これも立派な勝利の一つだ。**〉

イラクの選手たちの大健闘を称えてできた人の輪でした。しかも、ギリシャ政府は多国籍軍には加わっていませんでしたから、国民的な感情としてもイラクの選手の活躍はいっそうの親和感を呼ぶものとなったのです。もちろん輪のなかには他国の人びとも混ざって、一体となって、歌うように踊るように沸きあがっていました。そんな人の輪がアテネのあちこちのストリートや広場でできたそうです。

私はその光景を見ながら、「スカッドミサイルよりも強い人の輪だ！」と確信し、人間の輪が持つ力強さを噛みしめたのでした。紛争を超え、民族対立を超えて世界中からやってくるアスリートと観衆、スポーツはその力をオリンピックでパラリンピックで見せつけることができるのです。それは短期間の非日常の空間にすぎませんが、そうした空間をつくれる理性的な能力を人類は持っていることの証明でもあるのです。

２００１年の９月11日にアメリカで起きた同時多発テロの惨劇以降、そのあおりを受けてオリンピックやパラリンピックの開催都市には大会会期中にきびしい警戒態勢が敷かれるようになりました。私はアテネ、北京、ロンドンの３つのオリンピックをじかに現地に出かけて行って観戦してきましたが、競技会場の周辺はとてもスポーツの大会とは思えないほど張りつめていて、ギクシャクした雰囲気に包まれていました。

○…スカッドミサイルを構えたアテネ大会では、会場周辺を自動小銃を持った治安部隊の姿がありました。マラソンのスタート地点、マラトンはまるで砦のような警備基地になっていて、24時間の監視体制が敷かれていました。

○…民族差別問題で紛糾していた北京大会では、地下鉄の駅の出入口で所持品とボディ・チェックがされました。さらに競技会場に入場するのに長蛇の列をつくって持っている荷物を検査され、ペットボトルから弁当まで没収されました。

○…ロンドン大会でも直前に、地下鉄やバス爆破事件が起こったこともあってか、競技会場に入場する際に、長袖のウェアは脱がされ、ベルトをはずされました。しかし、ロンドンを離れたウェールズのカーディフであった女子サッカー試合のスタジアムでのチェックは形式的なもので済み、警備体制にも温度差がありました。

民族・宗教の対立、国家の独立、経済権益をめぐる紛争も戦争もテロもやむことのない現実世界です。そのなかで開催されるオリンピックとパラリンピックです。さきのソチ冬季大会（２０１４年）では近くのクリミア半島の帰属をめぐってウクライナとロシアの対立が激化する事態も起きました。

「２０２０東京」をめぐっても、中国や韓国との島しょの帰属問題や歴史認識の問題などを抱えていて落ち着きません。それに対応するために、会期中の平和を維持するのに警備態勢を取るのは「必要悪」として我慢できないこともありません。しかし、それは一時しのぎでしかすぎませんし、大会の会期中が安全だという保障もありません。

国際連合（国連）がバルセロナ大会（１９９２年）から「オリンピック開催年には休戦を」と呼びかけているのも一つの措置だと言えるでしょう。ただ、そう宣したところで、オリンピック・パラリンピックを平和のうちに開催できる確かな基盤にはなりません。どうしても、国際的な平和秩序を構築、日本とその周辺地域でいえば北東アジア平和維持体制の確立などの独自の努力が必要なのです。

もとより国際平和秩序の確立への努力は主要には政府間の外交に属するものですが、オリンピック・パラリンピック自身がより積極的に平和のメッセージを発信することは大事になっていると思います。それは『オリンピック憲章』の根本原則のひとつに明記されていることです。

〈**オリンピズムの目標は、スポーツを人類の調和のとれた発達に役立てることにあり、その目的は、人間の尊厳保持に重きを置く、平和な社会を推進することにある。**〉

オリンピック・パラリンピックの舞台は、民族・宗教の違いを超えて集まった世界のアスリートたちが「平和の使徒」として競演し、その意思を表現する場所であり、直接観戦する人びとも、テレビで観戦している人びとも見守り、連帯していくところです。それを自覚的にとらえて、アスリートと人びとが二重三重の輪をつくるならば、新しい国際平和の秩序づくりに貢献するに違いありません。

この本の冒頭で紹介したように、「スポーツには、未来を担う子どもたち、困難に立ち向かう人々、そして社会に、世界に、夢や希望、勇気をもたらす力があります。」と、『アスリート宣言』を発した日本のアスリートたちです。ぜひ、平和な世界にむけて「人間の輪」をつくる努力を「２０２０東京」へのプロセスのなかで発揮してもらいたいものです。

第10章　これから始まる新時代への挑戦

あと5年、あと4年・・・と、「2020東京」開催までの時が刻々と進んでいきます。競技会場の見直しでごたごたしているのを見ると、先が思いやられますし、はたして大丈夫だろうかと気をもみます。

こんな時こそ、競技者たちが志を高く持って、連帯し、主張していくことではないでしょうか。その行動と表現の一つひとつが、じつは「アスリート・ファースト（選手が主人公）」の実践であり、実現への大切な過程だと言えるでしょう。

このコンセプトの目でみれば、日本のスポーツ現状にたいして言うべきことやスポーツ改革への提言は少なくありません。最後に、競技者たちの健闘とその活動の参考になればと思って、私なりの注文を出しておきたいと思います。

◆アスリート・ファーストの行動指針を

「2020東京」開催が決まって、2014年2月には大会を運営する組織委員会（会長＝森嘉朗）が発足し、3月には理事34名が選任されました。開催準備の中心を担う人たちです。

どんな人が理事になるのか、「２０２０東京」の初動を決定づけるだけに注目が集まりました。いずれにせよ、政・官・財界の関係者が主軸を担うだろうとの予想をしていましたが、7人のアスリート理事が選ばれたのにはホッとしました。その7人は以下の通りです。

・橋本聖子（スケート。日本スケート連盟会長／ＪＯＣ常務理事・選手強化本部長／参議院議員）
・荒木田裕子（女子バレーボール。モントリオールオリンピック優勝メンバー／ＪＯＣ理事・アスリート専門部会会長／アジアオリンピック評議会理事）
・室伏広治（陸上競技・ハンマー投げ。アテネオリンピック1位）
・田中理恵（体操女子。ロンドンオリンピック出場）
・谷本歩実（女子柔道。アテネ・北京オリンピック63ｋｇ級で連覇）
・成田真由美（パラリンピック競泳。４大会に出場し20個のメダルを獲得）
・ヨーコ・ゼッターランド（バレーボール。バルセロナオリンピックにアメリカ代表チームで参加し3位／日本体育協会理事）

室伏さんを除いて6人が女性アスリートだというのも時代の流れを反映しているように思えます。実際のオリンピック・パラリンピックでの女子選手の活躍からみれば当然のことだと言えるでしょう。組織委員会の副会長であるJOCの竹田恒彦会長（IOC委員）は、アスリート理事の登用を「**選手中心の大会として成功できると思う**」と語っています。

世界はいち早く「アスリート・ファースト（選手が主人公）」への動きを見せています。たとえば、IOCは機構の一つとしてアスリート委員会を常設していますし、IOC委員になるアスリートは、夏・冬のオリンピックの選手から投票で選ばれる仕組みになっています。

また、さきのロンドンオリンピック（2012年）の組織委員長は、1980年代に活躍した陸上競技のスプリンター、セバスチャン・コー氏でした。コーといえば、800m、1500mで世界チャンピオンとしての実績を持っています。その彼がロンドン大会の準備を差配したのですから、オリンピック・パラリンピックの雰囲気も弾んだものとなりました。

「2020東京」も十分とは言えないまでも、アスリート理事が選出されたことでこの世界の流れに呼応したと言えるでしょう。全体の理事のなかでアスリート理事の占める比率は20・6%、どんな新鮮な才覚を発揮するのか楽しみです。

続く第二弾が、開催決定からちょうど一年後の2014年9月12日に開催された理事会で、組織委員会のもとにアスリート委員会の創設を決めたことです。

このアスリート委員会は、「アスリートの立場から組織委員会に専門的なアドバイスをおこなう」としています。委員長にオリンピック金メダリストで日本水泳連盟の会長、鈴木大地さんが就任しました。

鈴木大地といえば、競泳の背泳ぎで潜行してキックするバサロキックのパイオニア的な存在です。ソウルオリンピック（1988年）の100mで潜行30m（27回キック）を見せて、2位との差はわずか0・13秒で制し、「計算しぬかれたレース展開の勝利」だと言われました。

鈴木さんは、45歳という異例の若さで2013年に日本水泳連盟の会長に就任し、また、世界アンチ・ドーピング機構のアスリート委員会委員に選任されています。「競泳に科学を」との姿勢をつらぬいてわが国の水泳界をリードし、国際的にも活躍する鈴木さんの活躍が期待されます。

ほかのアスリート委員には、高橋尚子さん（シドニー大会女子マラソン1位）、土田和歌子さん（パラリンピック陸上競技のメダリスト）、大畑大介さん（ラグビー選手）、杉山愛さん（プロテニス選手）などの名があがっており、21人で構成されます。

これは嬉しいニュースでした。「アスリート・ファースト」への足がかりができたのですから…。こうした枠組が整ってきているだけに、いよいよアスリートの専門的な視点からの積極的な提言と活動が期待されます。

当面は、「二〇二〇年東京オリンピック・パラリンピック大会開催基本計画」に選手の視点を反映させるとしています。それまでの招致が先行した「開催構想」は、競技会場の整備の見直しが迫られて開発優先の発想にきびしい批判の目がそそがれているだけに、「選手が主人公」の見地で人びとに納得される「基本計画」づくりに、どしどし発言をしてもらいたいものです。

アスリート委員会が機能を発揮し、「アスリート・ファースト」がつらぬかれるためにも、ぜひ、競技者たちの「行動指針」なり「行動綱領」なりの基本文書を作成してほしいと思っています。『アスリート宣言』を世界に発した日本の競技者ですから、それもきっとできるに違いありません。これがあれば提言や活動の力になると思います。

そこで、私が考える「行動指針」のたたき台を提示してみました。いかがでしょうか。ぜひ、若い競技者の感覚で練り上げてください。

アスリート・ファースト（選手が主人公）行動指針（たたき台）

1．われら競技者は、「2020東京」の開催にむけて「アスリート・ファースト（選手が主人公）」をコンセプトにつらぬくことが、自らの能力を存分に発揮するうえで不可欠な要件であることを自覚し、オリンピック・パラリンピックが国民と世界の人びとに歓迎され、21世紀のスポーツの発展にかなうことを確信し、行動するものである。

2．「アスリート・ファースト」は、競技者の尊厳を信条とするものであり、その実行はオリンピック・パラリンピックの運営につらぬかれ、競技者の生命・人権の保持、表現の自由、差別と憎悪の撤廃、フェアプレー精神の堅持、他者からの強制の排除にむけられ、スポーツの自由と民主主義を促進する行動である。

3．「アスリート・ファースト」は、「スポーツは国民の権利」という基本理念の構成要素としてはじめて成立するものであり、競技を通じて国民各層のスポーツ参加の拡大、障害者スポーツの定着、スポーツの多面的な発展をはかることが、国民の一員としての競技者の使命であることを明確に自覚した主張である。

4．われら競技者が信条とする「アスリート・ファースト」は、オリンピック・パラリンピックの根本精神を実践し、自然環境の保護、貧困・飢餓からの脱出、経済的・精神的不平等の克服、民族間の紛争と国家間の対立の解決が、スポーツの文化的な発展に不可分であることから、社会との連帯と貢献に参加する行動指針である。

5．われら競技者は、「2020東京」が国民の利益と世界平和の構築に寄与することが、オリンピック・パラリンピックの存在を権威あるものに高め、スポーツの開花が人びとに幸福をひろげるものであるとの誇りを抱き、その成功にむけて「アスリート・ファースト」の実現に力をそそぐものである。

◆猛暑のなかの開催時期は適切なのか

この「アスリート・ファースト（選手が主人公）行動指針」に照らして「2020東京」の構想――招致申請ファイルの段階ですが――をみると、競技会場の見直しとともに検討が必要なものに、オリンピック・パラリンピックの開催時期があります。

会期は、オリンピックが7月24日～8月9日、パラリンピックが8月25日～9月6日の予定です。夏真っ盛りのこの時期を立候補ファイルの段階では「競技に最適の時期」だとしていますが、大いに疑問です。

異常気象にみまわれている最近の夏は、7月初旬から40度前後の猛暑日が続いています。たとえば、2014年の7月24日の東京の暑さは34・6度を記録。翌日から35度以上の猛暑日が2日間続き、朝9時から夜9時まで30度以上だった日もありました。

この暑さでは「スポーツ禁止警報」が出てもおかしくありません。2010年からの3年間に見ると、気温35度以上の「運動は原則禁止」が毎年1日〜2日あり、31度以上の「厳重警戒（激しい運動や持久走は避ける）」が大半を占める年もありました。

この猛暑のために熱中症に罹る人が急増しています。総務省消防庁によると、2014年の夏の熱中症により救急搬送された人の数は、7月21日から27日が8，871人にのぼりました。8月18日から24日までの1週間では、全国で5，186人が搬送され、そのうち亡くなったのが5人で、重症が66人でした。

命を落とすこともあるほどスポーツには向かない、異常気象のなかの日本の夏の暑さです。「それでも、夏の甲子園があるじゃないか」との意見もありますし、暑さに耐えることが精神的な頑張りの象徴にもなって、むしろ推奨さえされています。たしかに甲子園の高校野球は夏の風物詩として定着していますが、いまの異常気象での猛暑を考えると、いくら鍛えられた球児であっても熱中症は避けられるものではありません。

私もよく高校野球の県予選をスタジアムに見に行きますが、その暑さは尋常ではありません。スタンドが35度ぐらいならマウンド上は40度を超えているに違いありません。観客はカチ割り氷や飲料水で涼が取れますが、とくに投手は投球の途中で補給するわけにもいけません。そこで私はこんなことを高野連（日本高等学校野球連盟）に提案したいのです。

○マウンド上が40度を超した場合は、試合を一時中断する。

○投手がマウンドで20分以上も投球し続ける場合には水分補給のタイムをとる。

○31度以上の「厳重警戒」になった時は、必ず散水をする。

煉獄《れんごく》の猛暑のなかのオリンピック・パラリンピック――。なかでも空調の効かない屋外での競技は過酷です。アテネオリンピック(2004年)でのマラソンは夕方6時にスタートしたのですが、その時間でも40度でした。女子マラソンでは優勝候補だったポーラ・ラトクリフ（イギリス）が途中棄権したのも、暑さの影響があったと言われています。

かつて、ロサンゼルス大会（1984年）で初めて実施された女子マラソンでは、ガブリエラ・アンデルセン（スイス）が熱中症でふらつきながらゴールしたシーンに息を飲んだことがありました。彼女の頑張りは「意志の人」として美談にもなっていますが、酷暑の中でのレースのあり方に検討を迫りました。

ロンドン大会（２０１２年）の男女マラソンを直接観戦しましたが、選手たちは暑さと湿気に苦しんでいました。コースの途中で散水シャワーをくぐるなどの暑さ対策を講じていましたが、体調に異変を起こしたランナーも見かけました。

いかに暑さ対策に万全を期すか――。「２０２０東京」にむけてすべての競技で検討と措置が取られることになるでしょうが、くれぐれも「八月が最適の季節」というあまい認識ですますのではなく、徹頭徹尾、競技者（アスリート）の生命・健康・人権を守ることを鉄則としてつらぬいてもらいたいものです。

そして、具体的な暑さ対策を検討して、競技者の立場に立った「防暑措置」を実行してほしいと思います。その気になって、科学や医学の力を駆使すればあらたな対応策は講じられるはずですし、防暑用の設備や環境整備のための経費を惜しむようなことがあってはなりません。

開催時期を変更することはできないのでしょうか。それこそ〝スポーツの秋〟という時期が最適だと思うのですが…。１９６４年の東京オリンピックでは、開催が決まってからも二転三転して最後に10月10日～24日の会期に落ち着いた経過があります。半世紀前とは違ってヨーロッパのサッカーやアメリカの野球シーズンとの関係やテレビ放映権料への依存度が高まってきていることもあって、会期の変更は至難なことだとみられているようですが、検討の余地はないとは言えません。

2022年のカタールでのサッカー・ワールドカップが「猛暑」を理由に変更問題が起きている状況も考慮されるべきでしょう。北半球と南半球で季節の違う広い世界、競技シーズンも異なるスポーツが一堂に会すること自体に難しさもあるのですが、そこは〝スポーツの総合祭典〟だけに国際競技連盟（ＩＦ）なども真剣な調整に労を惜しまないことです。

◆障害者の「ガイド」役もアスリートとして

オリンピックとパラリンピックが同じ大会組織委員会のもとで開催されるのは大きな進歩だと言えるでしょう。しかし、正直に言って、パラリンピックが障害者のどんなスポーツ大会なのか、はっきりとしたイメージをつかめないのも現状ではないでしょうか。

2008年に北京オリンピックの観戦に行ったあと、続いて開催されたパラリンピックを「せっかく日本の近いところでやっているのだから…」と思い立って、私は5日間ほど出かけてきました。見たのは陸上競技と卓球の2つでした。

陸上競技はオリンピックのメイン会場、「鳥の巣」と呼ばれた北京国家体育場で実施されました。まずびっくりしたのは、9万人を飲みこむ巨大スタジアムが立錐《りっすい》の隙間もなく観衆で埋め尽くされていたことでした。動員もされたのでしょうが、その盛り上がりようは熱気をはらんで大変なものでしたし、応援ぶりには障害者への区別や偏見は感じられませんでした。

視覚障害者の5000m競走を見た時です。選手とは別に「GUIDE」（ガイド）と書いたゼッケンを付けたランナーがいて、選手と手をつないで紐を使って走路を指示したり、声をかけて誘導していました。そして、同じ選手にガイド役が複数いて、途中で交代しながら選手を激励し続けていました。

嬉しかったのは表彰式でした。入賞した選手とともに「ガイド」も呼ばれて、いっしょに祝福されていました。〝一心同体〟とみなされているのです。オリンピックでは見られない光景でした。かつては「陸上選手を伴走するなど助力してはならない」とのルールがありましたが、こうした「ガイド」の登場によって「助力とはみなさい」と変わって、障害者でも一般のマラソン大会に出場できるようになっているそうです。

卓球は〝中国卓球の殿堂〟と呼ばれ、数多くの名選手が活躍した北京大学体育館で実施されました。卓球台が10台ほど並ぶ小じんまりとした体育館は、なるほど卓球専用にできています。ここでは上腕障害、下肢障害、視覚障害などにクラスが分れ、それぞれのルールで実施されていました。

女子の上腕障害者のクラスには夏のオリンピックの代表にもなったポーランドのナタリア・パルティカ（19歳）が出場、その技術の高さに圧倒されました。私も卓球愛好者の一人ですが、とても太刀打ちできないぐらい、スピードにあふれ、パワーに満ちていました。そんな水準にまで到達しているのです。

北京でのパラリンピックを垣間見ながら、障害者のなかにいろんなスポーツが広がり、ルールや用具が工夫され、その競技水準が向上していることに目を見張らされました。それに、「ガイドランナー」や「コーラ」（手を叩いて音で選手に知らせる人）という存在、車いすなどの介添え役が競技を支えていることを知りました。一方では、レーシングカーなみの速さでぶつかる衝突事故の危険性も感じました。

でも、パラリンピックの全体像がなかなかつかめません。「２０２０東京」の大会組織委員会の理事に成田真由美さんが、アスリート委員会のメンバーに土田和歌子さんが入ったことですから、ぜひ、パラリンピックの紹介と選手の目から見た「２０２０東京」への注文などを旺盛にやってもらいたいと思います。（２０１６年のリオデジャネイロパラリンピックの実施競技を［表］で紹介しておきました。）

そんな状況ですから、この「２０２０東京」開催の機会に、障害者スポーツに光をあて、その活動を定着させ発展させる課題を組織委員会でもアスリート委員会でも出し合い、一つ一つ打開していくことが求められていると思います。そうしないと、組織委員会は一体になっていても、実際は、オリンピックの付けたしになりかねません。そこからいかに脱皮するか、工夫と力のいるところです。

そこで薄識を恐れずに参考になればと思って私の知り得る問題意識を列記しておきましょう。これを含めてパラリンピックへの関心が広い規模で深められ、具体的な要望となって提出され、障害者スポーツの奨励とパラリンピックの成功への施策の充実がはかられることを切望します。

○…オリンピックの競技会場の見直しがされていますが、必ず「障害者にも使いやすい施設」という条件を盛り込んで見直してほしいと思います。トラックやアリーナはもとより、スタンドに行くにも移動が無理なくできて、会場までのプロセスがバリアフリーになっているでしょうか。

○…障害者とガイドや介添え役もゆったりと観戦できるスペースが十分に確保されることです。点字など障害に応じたプログラムを用意し、競技の解説や見どころなどを視聴できるような設備が整えられ、案内役のガイドが配置されるように工夫されているでしょうか。

○…障害者の競技力向上をはかる体制をしっかりと確立してほしいと願っています。一般の競技器具よりもコスト高となる障害用器具の整備、ガイドや介添え役、コーチが経済的にも専念できる制度の確立、障害者も使用できるナショナルトレーニングセンターなど公共施設の充実などに力を入れてほしいと思います。

○…せっかくオリンピックとパラリンピックの組織委員会がひとつになったわけですから、同じアスリートとして区別・差別をつけずに対等・平等に位置づけて援助をしてもらいたいと思います。経済的な面や選手養成の面ではむしろ障害者の方が負担が大きいことから、そこに援助を強める方策になっているでしょうか。

（表）2016年リオデジャネイロパラリンピック実施競技の概要

アーチェリー	70m離れた的に向かって矢を放ち、その得点を競い合う競技。男女別に団体戦1種目（リカーブのみ）と個人戦（男子4種目、女子3種目）が行われる。ルールは一般のアーチェリー競技規則に準じているが、障がいの種類や程度に応じて一部ルールを変更したり、用具を工夫したりすることが認められている。
陸上競技	陸上競技には、車いすや義足、視覚障がいなど、さまざまな障がいのある選手が参加する。そのため、選手は障がいの種類や程度によってクラス分けされる。車いす競技では、「レーサー」と呼ばれる軽量な専用車いすを使用し、下肢を切断した選手はスポーツ用に開発された義足を装着して競技に参加する。視覚障がいの選手は、競走種目において「ガイドランナー」と呼ばれる伴走者とともに走り、跳躍・投てき種目では「コーラー」（手を叩いて音で選手に知らせる人）による指示を頼りに競技をおこなう。
ボッチャ	ボッチャは、まず「ジャック」と呼ばれる白いボール（目標球）を投げ、後から赤いボール6個と青いボール6個を交互に投げ合い、いかに「ジャック」に近づけることができたかを競う競技。個人（1人）、ペア（2人）、チーム（3人）の3種目に分かれている。
自転車	自転車には、切断、脳性まひ、視覚障がいの選手が参加する。バンクで行われるトラック競技は、個人追い抜き、タイムトライアル、スプリントの3種目で、ロードで行われる競技は、タイムトライアルとロードレースの2種目。
馬術	規定演技をおこなう「チャンピオンシップ テスト」と、各自で選んだ楽曲に合わせて演技を組み合わせていく「フリースタイル テスト」がある。障がいの程度に応じてⅠa・Ⅰb・Ⅱ・Ⅲ・Ⅳのグレードに分類され、各グレードで競技をおこなう。
5人制サッカー	視覚障がいの選手による5人制サッカー。フィールドプレーヤーはアイマスクと危険防止のためのヘッドギアを装着し、ゴールキーパーは晴眼者や弱視者が担当する。選手は、鈴が入ったボールの音や、ゴール裏から指示を出すことが認められているコーチの声を頼りにプレーする。

7人制サッカー	脳性まひの選手による7人制サッカー。ＦＩＦＡ（国際サッカー連盟）が定めた11人制サッカーのルールに則って競技が行われる。ただし、オフサイドが適用されない、片手でのスローインが認められている、
ゴールボール	ゴールボールとは、1チーム3名で視覚障がいの選手たちがおこなう対戦型のチームスポーツ。攻撃側は鈴の入ったボール（1・25ｋｇ）を相手ゴール（高さ1・3ｍ、幅9ｍ）に向かって投球し、守備側は全身を使ってボールをセービングする。攻守を交互に入れ替えて試合を行い、得点を競う。試合は前後半12分ずつの計24分、ハーフタイムは3分で行われる。選手は視力の程度に関係なく、アイシェード（目隠し）を装着してプレーする。
柔道	視覚障がいの選手による柔道。競技は障がいの程度ではなく、体重別に男子7階級、女子6階級で行われる。ルールは「国際柔道連盟試合審判規定」及び「大会申し合わせ事項」に準じている。
パワーリフティング	パワーリフティングでは、下肢障がいの選手がベンチプレスで競技を行なっている。まずはラックからバーベルをはずした状態で静止し、審判の合図とともに胸まで下ろす。そして再びバーベルを押し上げることで1回の試技となる。障がいの種類や程度によるクラス分けはなく、体重別に男女各10階級で実施されている。
ボート	肢体不自由と視覚障がいの選手がおこなうボート競技。パラリンピックでは北京大会から正式競技に加わった。種目は、4人のクルー（漕手）と指示を出す1人のコックス（舵手）による「コックス フォア」、2人のクルーによる「ダブル スカル」、1人のクルーによる「シングル スカル」の3種類があり、ブイ（浮標）で仕切られた6つの直線レーンで行われる。
セーリング	セーリングは、主催者が設定したスタートラインからゴールラインまでの間を、いかに速く走れるかを競い合う競技。1人乗り（シングル・パースン・キールボート／2・4ｍR）、2人乗り（ツー・パースン・キールボート／SKUD18）、3人乗り（スリー・パースン・キールボート／SONAR）がある。

射撃	射撃は、ライフルまたはピストルで規定の弾数を射撃し、その得点を競い合う競技。標的との距離は、種目によって50m、25m、10mに分かれている。パラリンピックでは、銃の種類や射撃姿勢によって、男女別3種目と混合6種目の計12種目がある。
水泳	水泳は一般の競泳競技規則に準じて行われるが、障がいの種類や程度によって一部の規則が変更されている。下肢に障がいがあり飛び込みスタートが困難な選手は、水中からのスタートが認められている。選手は障がいの種類や程度、運動機能によってクラス分けされ、クラスごとに競技をおこなう。
卓球	卓球は一般の競技規則に準じて行われるが、障がいの種類や程度によって一部の規則が変更されている。競技は個人戦と団体戦があり、選手は障がいの種類や程度、運動機能によってクラス分けされ、クラスごとに競技をおこなう（個人：男子11クラス、女子10クラス／団体戦：男子6クラス、女子3クラス）。
シッティングバレーボール	シッティングバレーボールは、床に臀部（お尻）の一部をつけたままおこなう6人制のバレーボール。ボールは公認のバレーボール球を使用するが、コートの広さは一般のバレーボールコートよりも狭く（サイドライン5m、エンドライン6m）、座位で行えるようネットの高さも低く設定されている（男子1・15m、女子1・05m）。
車椅子バスケットボール	車椅子バスケットボールは、コートの大きさやゴールの高さなど、基本的には一般のバスケットボールと同じルールが適用される。車いすの特性を考慮し、ボールを持ったまま2プッシュまで車いすをこぐ事が認められており（連続して3プッシュ以上こぐとトラベリング）、ダブルドリブルは適用されない。
車いすフェンシング	ピストと呼ばれる台に車いすを固定しておこなうフェンシング競技。ユニフォームや剣、マスクなどは一般のフェンシングと同じものを使用する。選手は障がいの程度によってA級、B級にクラス分けされ、クラスごとに競技をおこなう。

ウィルチェアーラグビー	ウィルチェアーラグビーは、四肢に障がいのある車いすの選手がおこなう。選手は障がいのレベルによって0・5点から3・5点までの7段階のクラスに分けられ、コート上でプレーする4人の選手の合計が8・0点を超えないようにしなければならない。
車いすテニス	車いすテニスは、ツーバウンドでの返球が認められていること（ツーバウンド目はコートの外でもよい）以外は、一般のテニスと同じルールで行われる（コートの広さやネットの高さも同じ）。男女別のシングルスとダブルスのほか、アテネパラリンピックからは、男女混合のクァードクラス（四肢まひ・車いす使用の選手対象）のシングルスとダブルスが正式種目となった。

あとがき——夢は叶えるためにある

「アスリート・ファースト」という言葉を最初に耳にした時、私の胸は大きな高鳴りをおぼえました。「ついに選手が主人公の時代がやってきた！」との感慨からでした。

この時、私は競技者の応援団となって、「アスリート・ファースト（選手が主人公）」のオリンピック・パラリンピックに向けた努力と活動を支援していこうと、意を決したのでした。それは、長く日本のスポーツの発展に志を傾けてきたひとりの人間としての正直な感情であり、抱負でした。この本はまず、その決意表明だと言えるものです。

それだけに、全体の基調は〝アスリート賛歌〟になっています。これでは、ヘイト発言を吐いたり、セクハラに走ったり、八百長を仕掛けたり、窃盗事件を起こしたりしている一方のアスリートのダーティな現実が隠されてしまい、必要以上に美化されることになるのではないのか、との批判が向けられるかもしれません。

もちろん、競技者の現実を私自身もみすえ、機会あるたびに苦言を呈し、打開への提言を投げかけてはいます。しかし、それでもなお、「アスリート・ファースト」が信条として、行動指針として、モラルのコードとして定着するならば、こうしたダーティな部分は淘汰されていくに違いない、との思いを強く抱いています。ですから、いささかアスリート賛歌になったにしても、いまこそ「アスリート・ファースト（選手が主人公）」を声高に叫ぶ必要があると思っています。

いま、競技者の一挙手一投足に国民の熱い視線が注がれてきています。それは、スポーツが国民の権利として認識されてきている時代に入ってきていることと無関係ではないでしょう。つまり、このスポーツの〝新時代〟は、国民の間にスポーツが多様な花を開いていくうえで、競技者は国民との共感と連帯のうえにスポーツの発展を推進する社会的な存在であることが期待されているからだと思います。

それまでは、アスリートは多くの人びとからは〝憧れ〟であっても、遠くかい離した存在でした。しかし、これからのアスリートは国民とともにあり、人びとの生活や文化に影響をおよぼす身近な存在になっていくのです。アスリートと国民の関係を飛躍させるのが〝国民が主人公〟と一体となった「アスリート・ファースト（選手が主人公）」だと言えるでしょう。これがコンセプトとしてつらぬかれ、定着するチャンスが「２０２０東京」開催で訪れたのです。

ぜひそれを実現したいとの願いを込めて、本書『コンセプトはアスリート・ファースト』

をしたためました。もちろん、その実現は単純ではなく紆余曲折の道程を踏むことになるでしょうが、「夢は叶えるためにある」と言われるように、「アスリート・ファースト（選手が主人公）」のオリンピック・パラリンピックを叶えたいものです。

ここに登場した選手やチームは「アスリート・ファースト」のオピニオン的な存在ですが、もちろん彼らに限られるものではなりません。「この人も、あの人もそうだ」と読みながら増えていくに違いありません。それほど共感できる選手やチームは多いのです。

同時に、将来ある若きアスリートたちが、こうした先陣たちの心意気を受け継ぎ、二十一世紀のスポーツを「アスリート・ファースト（選手が主人公）」の世界に切り開く担い手になってもらいたいとの思いを込めました。本書がその増殖の媒体となれば幸いです。

●著者紹介

廣畑　成志（ひろはた　せいじ）

1944年生まれ。福岡県出身。東京教育大学体育学部卒業（体育社会学専攻）。日本体育大学大学院修了（体育学・オリンピック研究）。日本オリンピックアカデミー（JOA）会員としてオリンピア（ギリシャ）で研修。アテネ（2004年）、北京（2008年）、ロンドン（2012年）のオリンピックを視察・観戦。

著書に『スポーツってなんだ』（青木書店）、『オリンピック物語』（汐文社）、『スポーツをつかめ』（労働旬報社）、『スポーツってなに』（岩崎書店）、『終戦のラストゲーム』（本の泉社）、『アテネからアテネへ　オリンピック軌跡』（本の泉社）、『オリンピックの旅に、きみも行ってみないか』（本の泉社）。

コンセプトはアスリート・ファースト
オリンピック・パラリンピック「2020東京《とうきょう》」

二〇一五年三月一日　第一刷発行

著　者　廣畑　成志
発行者　比留川　洋
発行所　本の泉社
〒113-0033
東京都文京区本郷二-二五-六
Tel　03（5800）8494
FAX　03（5800）5353
http://www.honnoizumi.co.jp/
DTPデザイン：杵鞭真一
印刷　（株）音羽印刷
製本　（株）村上製本所

ISBN978-4-7807-1210-0　C0075　Printed in Japan